福祉原理

The Principles of Welfare
Why Has Society Been Creating a System of Helping Strangers?

社会はなぜ
他者を援助する仕組みを
作ってきたのか

岩崎晋也

有斐閣

はじめに

「助ける」というと、大仰なことのように思うかもしれないが、私たちにとって、人を助けることは、日常的な行為である。

たとえば、親が子どものためにご飯をつくること、クラスメートに勉強でわからないところを教えてあげること、落ち込んでいる友人をなぐさめること、あげれば切りがないが、私たちは誰かと生活空間を共有していれば、助けたり助けられたりすることは当たり前のことなのだ。誰かを助けて、相手が喜べば、助けた側にとっても喜ばしい感情が湧いてくることすらある。近年、「自己責任」や「自立」という価値が強調されるが、もしこの意味が、「誰の力も借りずに自分の力だけで生活すること」という意味だとすれば、そんな生活は、楽しくも何ともない。人は助けたり助けられたりすることで、お互いの存在を認め合うことに、快を感じるのである。そもそも人間は、生まれてからかなりの長期間、誰かから継続的に助けられないと生きていくことすらできない存在なのだ。

もちろん「助ける」ことが苦痛になる時もある。過大な要求をつきつけられた時や、自分のことを優先したい時などである。そうした時、私たちは相手との関係に応じて、助けるかどうかを判断する。

子どもからの要求であれば、親は無理してでも応えようとするかもしれない。しかしたまたまクラスが一緒になった人からの要求であれば、ためらいながらも断ることもできる。私たちは相手との関係にもとづいて援助するのである。これを「関係にもとづく援助」と呼ぼう。

では、「関係のない他者」を助けることはあるだろうか。たとえば、災害時などの緊急事態で「関係にもとづく援助」だけでは対処できない場合などでは、見知らぬ人であってもお互い助け合うことがある。だがこれは例外的な事態であり、日常的には経験することはあまりない。むしろ「関係のない他者」に関わることは、お節介であり、慎むべき行為と感じる人もいるのではないだろうか。街の中で出会うホームレスの人に、「お困りですか」と声をかける人は、ほとんどいないだろう。このように考えてみると、私たちが直接「助ける」ことができる範囲は、家族や友人などごく狭い関係の範囲に限定されていることがわかる。

しかし人類は、こうした「関係にもとづく援助」とは別に、「関係のない他者」を援助する仕組みを作り出してきた。それを本書では「福祉」[*1]と呼ぶ。だが「福祉」は、いつの時代にもどの社会にも存在し機能していたわけではない。中世封建社会のように「関係にもとづく援助」だけでほぼ完結する閉鎖的な社会では、「福祉」という社会的仕組みの必要性は低下する。しかし古代社会でも、帝国が出現し、人々の流動性が高まって「関係のない他者」が社会に増えてくると「福祉」が必要になった。ましてや人々が共同体から解放され自由に移動できる近代以降においては、「福祉」は必要不可欠になっていく。

ここでは「福祉」を「関係のない他者」を援助する仕組みととらえるが、歴史的には、「福祉」という用語がこのような意味で使われるようになったのは最近のことである。日本では一九世紀以降にwelfareの訳語として使われた。ただし呼び方は、「慈善」「救済」「社会事業」そして現代の「社会サービス」や「社会福祉」など時代や社会とともに変化するものの、「関係のない他者」を援助する仕組み自体は、古代社会から存在している。よって、これらを現代の「福祉」につながる系譜としてとらえて、その原理を検討するものである（よって本書では福祉を「　」に入れて使用する。また社会福祉も「福祉」の歴史的一形態ととらえて「　」に入れて使用する）。

「福祉」の原理を検討することは、その社会における人々の関係のあり方を検討することである。社会における人々の流動性が高まると「福祉」が必要になると述べたが、このことは、その社会の中

＊1　こうした「福祉」のとらえ方は、筆者だけのものではない。明治期の著名な慈善事業家である留岡幸助は、その著『慈善問題』において、「福祉」の一形態である慈善を次のように定義している。「慈善とは己と直接せる関係を有せずと雖も、等しく之れ人類なり、等しく之れ同胞たれば之を雲煙過眼視する能はず、一見局外より見るときは無関係なるが如しと雖も身を挺して其急に赴くを云ふなり」（留岡　一九九五、三頁）と述べており、「関係のない他者」を援助することにその意義を認めている。

で増加する「関係のない他者」をどのような関係で結びつけるのかという「秩序問題」が生じるからである。ただし「秩序問題」が生じても、その「関係のない他者」が社会の構成員と認められない場合（不法滞在者など）は、排除の対象となりうる。しかしその「関係のない他者」を社会の構成員として認める場合（政治難民など）は、社会の中で生活できるための援助が必要であり「福祉」の対象となる。またこの「関係のない他者」は、社会の外部から来る他者ばかりではない。現代社会は「関係にもとづく援助」の基盤になる家族関係・友人関係・地域関係などが希薄になってきており、「関係にもとづく援助」だけで生活を維持することは困難である。私たち自身が「関係のない他者」の一人として「福祉」（社会サービスや社会福祉）を利用することで社会に参加できているのだ。すべての構成員が社会に参加できる条件を作り出すことが「福祉」の役割なのであり、「関係のない他者」同士が「福祉」を媒介とすることで間接的に結びつくことで、秩序が維持されているのである。

このように秩序との関係で「福祉」の役割を見ると、現代に至るまでの「福祉」は二つの類型に分けることができる。

一つは、「関係のない他者」を既存の「関係にもとづく援助」で形成された共同体の秩序に取り込むことによって既存の秩序を維持するものであり、「秩序維持型福祉」と呼ぼう。この「秩序維持型福祉」が成立するためには、本来所属すべき共同体があるという前提がなければならない。そこから何らかの理由で離脱し「関係のない他者」となった者を、本来所属すべき共同体に戻すことで秩序を回復するのである。古代都市国家において税が払えず債務奴隷になった者、近代初期において地域共同体で生活できずに浮浪する貧者、産業革命時の家族の荒廃により見捨てられた子などに対して、古代都市市民、地域共同体、近代家族といった本来所属すべき共同体へ戻すための援助が、「秩序維持型福祉」として行われた。

そしてもう一つは、「関係のない他者」同士が新たな関係を構築できるように援助することで秩序を作り出すものであって、「秩序再構築型福祉」と呼ぼう。この「秩序再構築型福祉」が必要とされるのは、まさに既存の秩序に危機が生じている時であり、本来所属すべきとされた共同体の秩序そのものが自明性を喪失し、新たな秩序が求められている時である。ただしこの場合の新たな秩序とは、支配従属関係を基盤とする秩序ではない。たとえば争いに負け、勝者が獲得した権力を背景に新たな秩序を打ち立てたとすれば、「福祉」はその秩序を維持するための「秩序維持型福祉」でしかない。「秩序再構築型福祉」が求められるのは、「関係のない他者」同士の分裂や対立を乗り越えて、社会としてのまとまりを取り戻そうとする時である。そのためには、「関係のない他者」同士の分裂や対立を生み出していた既存の秩序を否定し脱構築したうえで、新たに秩序を再構築しなければならない。

本書は、「秩序維持型福祉」と「秩序再構築型福祉」という二つの「福祉」の系譜が、どのような歴史的社会的背景で生み出され、展開してきたのか、さらにそれぞれの「福祉」がどのような限界を有しているのかを検討するものである。そのうえで、「福祉」を社会の仕組みとして位置づけるための原理的課題を検討する。そもそも「福祉」を社会の仕組みとして位置づけるとはいかなる意味を持っているのだろうか。社会の仕組みである以上、個人的な援助や、特定の集団内での援助は含まない。仮に、社会の構成員全体に関わる問題領域を公的領域、個々が自由に判断してよい問題領域を私的領域とすれば、「福祉」は公的領域に位置づけられなければならない。しかし「福祉」を公的領域に位置づけるうえで、解決しなければならない三つの課題がある。それは第一に、平等に関わる「福祉」の正当化問題であり、第二に、自由に関わる「福祉」の正当化問題であり、第三に、「福祉」が作り出す公的領域における関係問題である。

平等に関わる「福祉」の正当化問題とは、平等を基盤とする公的領域の社会秩序の中に、特定の援助ニーズを持つ者に対する「福祉」をどう正当化するのかという問いである。「福祉」はすべての者を平等に援助するわけではない。援助の必要性（ニーズ）にもとづいて選別的（不平等）に援助を行う。構成員は全員平等であるはずなのに、なぜ特定の者の必要性（ニーズ）を公的領域の問題として扱わなければならないのか。これが平等に関わる「福祉」の正当化問題なのである。この問題は、古代ギリシャの民主制国家ですでに生じていた。

次に自由に関わる「福祉」の正当化問題とは、近代市民社会成立後に発生した問いである。近代市民社会において、自らの幸福を自由に追求し、労働による自立生活が基本となると、「福祉」を行うことは、労働者の自立心を阻害し望ましくないものと批判されるようになる。つまり自由かつ自己責任を基盤とする私的領域の世界に対する公的領域からの不当かつ不必要な介入と見なされたのである。とすれば、生活に対する自己責任の原則との関係や、主体性を持つ個への介入に対して「福祉」をどのように正当化させるのかが問題となる。これが自由に関わる「福祉」の正当化問題なのである。

さらに「福祉」が作り出す公的領域における関係問題とは、公的領域において「関係のない他者」同士を結びつける要因は何かという問いである。公的領域を設定し、そこへの参加を援助したとしても、人々がそこに参加することに魅力を感じず空洞化してしまえば、社会秩序は崩壊してしまう。「福祉」は公的領域においていかなる関係を作り出そうとするのか。これが「福祉」が公的領域で作り出す関係問題である。この問題は「個人化」が進み公的領域の再編が求められる現代社会においては、一層深刻な問題と言える。人々は公的領域の関係に何を求めているのだろうか。そして「福祉」はその関係形成にいかなる役割を担えるのだろうか。

また本書は、「福祉」の歴史的展開を扱うが、通史ではない。あくまで「秩序維持型福祉」と「秩序再構築型福祉」の展開と限界に関する事象を取り上げている。

第一章では、古代都市国家からローマ帝国における「秩序維持型福祉」の限界とローマ帝国におけるキリスト教を基盤とする「秩序再構築型福祉」への転換を取り上げた。

まず古代都市国家において「秩序維持型福祉」が誕生した経緯を明らかにした。また古代ギリシャの民主制国家においては、公的領域と私的領域の区分がなされたが、「福祉」を公的領域に位置づけることができず、平等に関わる「福祉」の正当化問題が発生した。さらにローマ帝国末期では、ローマ市民に共有されてきた公的領域が消滅し、封建化しつつあった。帝国としての一体感を維持するために新たな秩序原理が求められたのである。そこでコンスタンティヌス帝は、キリスト教を公認し、新たな秩序原理とした。キリスト教は、封建的な主従関係を脱構築し、これまでのローマ市民に共有されてきた公的領域のかわりに、聖なる領域を設定し、超越的な神を媒介として平等な世界を設定し人々を結びつけたのである。その結果、キリスト教を基盤とした「秩序再構築型福祉」がこの時期に生じたのである。

第二章では、近代市民社会における「福祉」、特にフランス革命から第三共和政に至るフランスにおける「秩序維持型福祉」の限界と、社会連帯論による「秩序再構築型福祉」への転換を取り上げた。フランスを取り上げたのは、フランス革命により君主制から共和制へ突如転換し、共和制下においていかなる秩序を構築するのか、特に革命の原動力にもなった貧しい民衆への「福祉」をどのように共和制下で位置づけるのかが、喫緊の政治的課題となったからである。その後も、帝政、王政復古、共和政と目まぐるしく政体が変わる中、常にその政体で「福祉」をどのように位置づけるかが課題であり続けたのである。特に問題となったのは、自由に関わる福祉の正当化問題であり、市民の権利と「福祉」の関係であった。さまざまな議論の中で、第三共和政下において提唱された「社会連帯論」が一つの理論的到達点となった。社会連帯論は、ブルジョワジーと労働者階級の深刻な対立を解消し、新しい共和制秩序を打ち立てる基盤となったのである。そして社会連帯論による「秩序再構築型福祉」として、社会保険を中心とした福祉国家政策が提唱されたのである。

第三章では、現代の「社会福祉」をめぐる議論を取り上げ、「社会的弱者」を対象とした「秩序維持型福祉」の限界と、社会の「個人化」を踏まえた「秩序再構築型福祉」（「新しい社会福祉」）への転換を論じている。

社会連帯論による「秩序再構築型福祉」は、ブルジョワジーと労働者の対立を解消し、新たな秩序を構築したが、女性や子ども、障害者、高齢者などは、家族がケアするものとして、公的領域から排除した。しかし近代的で模範的な家族像から逸脱する家族への援助や、家族が十分にケアしきれない「社会的弱者」への援助の問題が残された。そこで社会保険など「秩序再構築型福祉」で包摂できない援助を取り扱うものとして、「社会福祉」という「秩序維持型福祉」の系譜が残されたのである。しかし「社会的弱者」として市民から排除された人が、「社会福祉」のパターナリスティックな介入に対して異議申し立てをすると、「社会福祉」は重大な自由に関わる正当化の危機に至った。一つの解決策は、「社会福祉」を社会サービス化して、消費者がサービスを選択するパーソナライゼーションを進めることである。しかし「社会的弱者」を公的領域から排除してきた構造を変えないまま、パーソナライゼーションを進めても「社会的弱者」の社会的包摂はできない。やはり社会の責任として、正義に適う関係を構築するための新たな「秩序再構築型福祉」が求められているのである。そこで「社会的弱者」を排除してきた家父長制的資本制の問題と、近年新たな「秩序問題」となってきている「個人化」の進展を踏まえた、「新しい社会福祉」の理論を最後に検討した。そこで課題になったのは、公的領域を、「共約可能な公」と「現れとしての公」に分けた時、それぞれの公的領域において、いかなる関係を結ぶのかという問いであった。

終章では、「秩序維持型福祉」と「秩序再構築型福祉」の特徴と限界を検討し、また「福祉」に関わる三つの原理的な課題に対して、それぞれの社会がどのように取り組んできたのか、そして現代における理論的到達点を検討している。本書を通して、人類にとって「福祉」が果たしてきた意義と現代社会における「福祉」の役割について考えてみたい。

目次

第2章 近代市民社会の「福祉」と社会連帯論による転換　71

終章　福祉の原理とは何か

第1章

古代都市国家の「福祉」とキリスト教による転換

1 「関係にもとづく援助」の規範化

援助する動物としての人間

「福祉」がどのように成立したのかを見る前に、まずその前提となる「関係にもとづく援助」や「関係のない他者」がどのように成立したのか、検討してみよう。

人間を他の動物と比べた時、さまざまな特性を指摘することができる。言語を有する、道具を作る、火を使うなどさまざまあろう。そうした中でこのようにも指摘できる。人間だけが主体的に他者を援助する存在であると。そして人類が誕生し、集団や社会を形成する過程においては、他者を援助するということが重要な構成要素であり、援助行為が集団の凝集性を高めたのである。

だが他者を援助するという行為だけを見れば、人間だけの特性とは言えない。実はチンパンジーも援助を行うのである。しかし人間とは決定的な違いがある。まずは霊長類学の知見をもとに、人間にとって援助するということが持っている意味を考えてみよう。霊長類学とは、サルや類人猿と、ヒトを比較することで、人類が作り上げた社会や心的特性の原型を理解しようとするものである。

チンパンジー、ボノボ（ピグミーチンパンジー）、ゴリラ、オランウータンなどの大型類人猿は、生物学的にはヒトと同じヒト科に所属し、特に、最後にヒトとの進化の枝分かれをしたチンパンジーとは、ＤＮＡの塩基配列の違いは、一・二％しかないことが示唆されている（山極 一九九四、三頁、松沢 二〇一一、一二頁）。このチンパンジーは、道具を使用したり、集めてきた食物を集団内で分配することなどが観察されている。

またチンパンジーは利他的な援助行動を行うことが、フィールドにおける観察や実験（山本 二〇一一a、二〇一一b）によって確認されている。この場合の利他的とは、「働き手にはなんら即自的な利益がなく、受け手にのみ利益となるように振舞うこと」の意である。いくつかの実験が行われたが、もっとも象徴的な実験は、二頭のチンパンジー（仮にＡ・Ｂと呼ぶ）が隣り合うブースに入れられ、Ａのブースの前には、隙間からステッキを使えば引き寄せられる位置にジュースが置かれており、しかしそのステッキはＢのブース内に置かれているという状況下での実験であった。ＡがＢに対して手を出してステッキをとってほしいことを要求すると、約四分の三の確率でＢはＡにステッキを渡したのである。その結果、Ａはステッキを使いジュースを引き寄せて飲むことができたのである。人間であれば、ステッキをとってもらったお礼にジュースを山分けにすることや、逆にお礼をくれないのであれば、次からはステッキを渡さなくなるという行為に出ることが考えられる。しかしチンパンジーの場合は、ジュースを山分けにすることもなく、逆に見返りがなくても要求があれば道具を渡す行動（利他的な援助行動）が続いたのである。一方で、Ａからの要求がなければ、Ａの欲求をＢが理解できていても、先回りしてＢがステッキを渡すことは稀であった。このことは、親密な関係性がある母子の間でも変わらなかったのである。

これらの一連の実験から、チンパンジーの利他的な援助行動の特徴は以下の三点であるとされている（山本 二〇一一b、九六頁）。

①自発的にはなかなか助けないが、他者からの明示的な要求には応じる。

②他者の欲求は、他者の置かれた状況を見て理解できる。

③他者の欲求が理解できても自発的な手助けにはつながらない。

快としての援助

これらチンパンジーの利他的な援助行動と人間のそれとの違いは、人間は他者の求めがなくても自発的に助けるということである。では、なぜチンパンジーは自発的な援助を行わず、人間は行うのだろうか。

一つの考え方としては、人間の場合は間接互恵システムが成り立つからだというものである（山本 二〇一一b）。間接互恵システムというのは、援助した相手からは直接利益が得られない場合でも、その行為を周囲の第三者から高く評価され、その第三者から間接的に利益を得ることができるというものである。そしてこの間接互恵システムを成り立たせるためには、評判を伝達するための言語が必要であり、言語を有する人間は、この間接的な利益を得るために、他者の求めがなくても自発的に援助を行うと考えるのである。確かに、人間の援助活動にはそうした側面もあるのは確かである。たとえば、企業などが、自らのイメージアップを図るために、フィランソロピー活動を行う場合などが挙げられるであろう。

しかし他者からの評価なしには、人間は自発的な援助を行わないのであろうか。たとえば人間の幼児は、成長につれ、最初は親から食事を一方的に与えられていたのが、次に自らの手を使い食事をとるようになり、そして次第に自らの食事を逆に親に渡して食べさせようとする行為が見られる。このように人間の幼児が、他者に自発的に贈与する行為（食べ物以外でも公園で拾ってきたどんぐりを渡すなどの行為）は、どのように理解すればよいのだろうか。もちろんこの場合の行為は、相手がそれを欲しているかどうかの判断を幼児ができているわけではないので、厳密には利他的な行為とは言えないかもしれない。しかしこの行為の延長線上に、利他的な援助を位置づけることも可能なのではないか。

幼児がこのような行為をするのは、成長につれて、他者の主観を理解し共有すること（「共感」すること）が快であると認識できるようになったことと関係している。そしてこのような共感する能力を獲得できたのは、人類が二足歩行するようになったことと大きく関わっている。

人類が二足歩行するようになったのは、地球の気候変動が大きく関わっている（山極一九九四、一五一－五三頁）。寒冷・乾燥化によって、それまで生活していた森林が縮小し、人類の祖先は乾燥により拡大した草原に進出し、その環境に適応するために二足歩行を獲得したと考えられている。そして直立することが常態化した結果、骨盤の形が変化し産道が狭くなった。そのため、狭い産道を通過できるような未熟な赤ん坊を産むようになり、子どもが独り立ちするまでに長期的な世話を必要とするようになった。そしてこの長期にわたる母親への依存関係が、「共感」する能力を生み出したと考えられている。

そもそも他者の主観を写し取るという意味での「同調」は集団で生活している動物に多く見られる。ある個体が危険を察知し緊張すると、他の集団の個体にも瞬時に伝わり、危険を回避する行動を瞬時にとるのである。しかし母親は、単に自分の感情に「同調」するだけでなく、子どもの主観を先取りし（イチゴを食べたいの？）、子どもがやってほしいことを実現し（はいどうぞ）、喜びを共有する（おいしいねぇ）。このように母子関係において、他者の主観を共有すること（「共感」すること）の楽しさを学習するのである。そしてひとたびこうした関係が成立すると、相手の行為が何であれ自己にとって意味を持ってしまう、「心理的閉鎖系」を作り出すのである（黒田 一九九九、二三八 - 八六頁）。

つまり子どもは母親を快い状態にし、その状態に自分の主観を重ね合わせることが快であるから、母親に贈与するのである。そして同様に、母親が悲しみや苦しみにある時は、その不快に「共感」せざるが得ないために、母親を喜ばせようとするのである。そしてこのように「人類が自己と他者を同一化してその快の世界を模索する能力」を持ったことが、「利他的行動の始まり」と考えられている（山極 一九九四、一六五頁）。そしてこの「共感」する関係は、次第に母親以外の他者にも広がっていくのである。

「共食」による一体感の形成

しかし「共感」する力を獲得しただけでは、利他的行動を説明することができない。現に人間は、「共感」する力を有していても、常に利他的行動をするわけではない。時には他者に損害を与えても自らが得する利己的行動を選択することもある。このように人々が利己的行動をするのは、人々が欲する財に希少性があるからだと言える。たとえば、人間は空気がなければ生きていけないが、それを利他的に他者に贈与することも、利己的に独占することも意味をなさない。空気には希少性がないからである。それに対して、食料などは、常に十分に獲得できるわけではない。そこで食料の希少性が高い（次にいつ獲得できるかわからない）状況では、獲得した人は利他的行動（他人に分け与える）よりも利己的行動（自分だけで食べてしまう）をとりやすくなるのである。だが、利己的行動をとり続けると、周囲の人から承認されなくなり、集団の一員としていることができなくなり、他者と共感するという快も得られなくなるのである。

そこで人間は、家族・友人などの集団で食事をする場合は「共食」が一般的である。「共食」とは、「同時に同じ場所で食べるだけでなく、会話を交わし、食物の分配も生ずる」（寺嶋 二〇一一、一七三頁）状態のことを言う。単に同時に同じ場所で食べるだけであれば、オオカミなど群れで獲物を襲う動物にも見られる。またチンパンジーは、他のチンパンジーから食物を乞われると惜しみながらも渡す場合がある（黒田 一九九九）。しかし人間の場合は、食物を積極的に分配し、他者とのコミュニケーションを通して他者との承認関係を確認し、強めるのである。「共食」するということは、利己的行動の前提になる食料に対する専有的支配権を放棄し、他者と共有することで、自分も他者も「共感」に伴う快を得ることを意味しているのである。自らの快を得ることが前提となっているので、その意味では厳密には利他的とは言えないが、単に自らの欲望に任せた利己的な次元とは明らかに異なるのである。

現代でも、食事を一緒にするという行為は、他者との関係形成において重要な場面になっているのである。食事という楽しい経験に主観を相互に重ね合わせることが、相互の承認と信頼を生み出すのである。そしてこの行為が頻回に行われている単位が家族である。家族の中では、食料という人間にとってもっとも不可欠なモノを共有することによって得られる信頼関係を基盤に、相互に利他的に振る舞うことが自らも快となる承認関係を形成しようとするのである。

人類の初期の形態——漂泊バンド

初期の人類の家族形態と考えられている漂泊バンドとは、一つの集団が血縁関係を基盤に複数の世帯で形成されており、遊動しながら食料を狩猟採集する形態である。この漂泊バンドは次のような特性を有していた（ダイアモンド 二〇〇〇b、八八－九二頁、柄谷 二〇一〇、四八－四九頁、寺嶋 二〇一一、七六－七七頁）。

① 遊動生活のため、個人の所有物はきわめて限定されている。食料の貯蔵も保存もせず、自然そのものが「食料倉庫」である。

② 狩猟採集によって得られた食料は、バンド内で集約（共同寄託）され、共食することで分配される。

③ バンドの集団のサイズは、狩猟による食料調達やその食料の平等な分配（共同寄託）と共食が可能な規模である。

④ バンドのメンバーシップの拘束性は弱く、バンド間のメンバーの移動も自由である。

まず確認しなければならないのは、初期の人類は定住していなかったことである。定住できなくて遊動していたわけではなく、「遊動生活とは、ごみ、排斥物、不和、不安、不快、欠乏、病、寄生虫、退屈など悪しきものの一切から逃れ去り、それらの蓄積を防ぐ生活のシステム」（西田 二〇〇七、六六頁）であり、定住する方がさまざまな不都合が発生するのである。遊動生活を前提にすれば、持ち歩ける物以外の所有は意味がない。利己的な振る舞いをしようにも、その場で消費できる量という限界があり、富の蓄積とは無縁である。

さらに狩猟採取された食物を共同寄託し、「みんなのもの」にするという行為と、それを共食するという行為が相互承認を生み出し、バンドの凝集性を高める。ここでは「自分だけのもの」にするという利己的行為は抑制される。

そしてバンドの集団のサイズは、他の動物から身を守り、また集団で狩猟を行うためのサイズは必要であるが、あまり大きくなると「みんなのもの」（共同寄託）を実感できなくなるため、一定の人数（数十人程度）に限定される。

ただし、このように食料に関して利己的行為は抑制されても、バンド内では利他的で一体的な関係性が必ずしも持続できるわけではない。異性の取り合いなど、何らかの要因でメンバー間のストレスが高まることもある。そうした場合でも、常に遊動しているため他のバンドとの接触もあり、他のバンドにメンバーが移ることも可能であり、集団の流動性は高い。

以上の特性から、漂泊バンドにおいては、他者を援助するという利他的行為は、食料の共同寄託により利己的行為が抑制された結果、共感できる他者と一緒にいることから生じる当然の行為であったと考えられる。たとえば同じバンドの仲間が、悲しみや苦しみを抱えていれば、それを共感できるが故に、誰かからの強制ではなく主体的に癒そうとするのである。しかし集団の拘束性は低いため、反発し共感できなくなれば、援助はなされなくなる。

このように援助関係が流動的であったことは、次に見るような定住化に伴う排他的な「関係にもとづく援助」関係の発生と表裏である固定的な「関係のない他者」も存在しなかったことを意味する。

なぜなら漂泊する中で出会う他者は、すべてが友好的であるわけではないが、新しい仲間として関係形成をする可能性は常に開かれていたからである。

定住化による氏族社会化

人類は長らく漂泊バンドによる生活を送っていたが、次第に定住生活に移行する集団が見られるようになり、社会における援助の意味づけが大きく変わることになった。

人類が遊動生活から定住生活に移行した理由については、いくつかの説があるが、およそ一万年前の氷河期から後氷河期にかけて起こった気候変動が関係していると考えられている。

西田（二〇〇七、四四－四八頁）は、地球の温暖化に伴い、中緯度地帯が遊動民の適した草原・疎林地帯から温帯森林化したことが定住化を促したと述べている。草原や疎林に棲んでいた大型有蹄類の狩猟ができなくなり、植物性食料か魚類への依存が高まった。しかし温帯森林環境での植物性食料は季節的分布に大きな変動がある。そのため秋にとれた食料を大量保存するしかなくなる。また魚類資源も冬の間の水域での活動が困難になり、また定置漁具など持ち運びが困難な器具が開発されるようになった。このように食料を保存する必要性などから定住せざるを得なくなったと考えられるのである。そして定住した結果、栽培や動物の飼育が始まったのである。

そして一度、食料生産が行われるようになると、食料生産に適した地域での定住化は促進された。

食料生産は、狩猟採集よりも単位面積当たりの産出カロリーが高く、より多くの人口を養うことが可能になる。また遊動していた時よりも、定住により幼児を連れた移動の問題が解消し、出産間隔を短くすることができ、一層の人口の増加と食料生産への需要の増大を招いたのである。つまり定住により集団の規模が拡大し、また農地の拡大も進んだ。その結果、周辺の狩猟採集に頼っていた小規模バンドは定住民に対抗できず、農耕が不適切な土地に移動するか、新たに農地となる土地を探して定住するしかなくなった（ダイアモンド 二〇〇〇 a、一六〇-六二頁）。

このように定住化によって生み出された集団は、漂泊バンドと比べてより複雑な社会を形成し、それは氏族社会、あるいはいくつかの氏族が集まった部族社会と呼ばれた。漂泊バンドにおいても、他のバンドとの接触（多くは緊張を伴い必ずしも友好的なものばかりではない）はあり、近親婚をさけるためのメンバーのやり取りなどは行われていた。しかし他のバンドとの持続的な関係は形成されず、バンドを超越する高次の共同体の形成には至らない。しかし定住するようになると、定住地における死者（先祖）からの贈与と返礼、また共食関係に収まらない広範な氏族間の互酬を行うことで、時間的にも空間的にもより複雑な関係からなる高次な共同体である氏族や部族を生み出し、世帯はその氏族や部族に帰属するようになるのである（柄谷 二〇一〇、六九-七二頁）。

規範としての援助

氏族社会においても、世帯内（あるいはバンド内）においては共同寄託のままである。しかし世帯やバンドを超えて氏族全体で共同寄託をすることはできない。氏族社会では、食料生産のために労働力の集約が必要であり、それは数百人規模となるからである。そして食料は備蓄しなければならず、世帯ごとで備蓄すれば、そこには必ず世帯間の格差が生まれる。漂泊バンドとは異なり、遊動に伴う所有物の制限や集団全体での共同寄託といった利己心を抑制する装置は、定住と集団の大規模化により無効となったのだ。こうした定住化に伴う所有の格差の拡大は、氏族社会に大きな緊張をもたらす。さらに、あるメンバーが他のメンバーに敵対的な感情を高めたとしても、そのメンバーには逃げ場はない。漂泊バンドであれば、メンバーのけんか別れも容易であった、しかし農地や備蓄物に縛られた氏族社会では、容易に移動することはできないのである。そこで氏族社会では、氏族としてのまとまりを保つために、相互に贈与する「関係にもとづく援助」を規範化することで過度の格差を抑制したのである。

贈与がもたらす社会的意味についての考察としては、モース（二〇〇九）の『贈与論』が有名である。モースは、主に太平洋沿岸に古くから残されていると思われる贈与の形態を分析した。よく引用されるマオリ族のハウ（霊）に関する記述を見ると、贈られる品物は贈り主のいる森、郷土、土地のハウによって生命を吹き込まれた「土着の」ものである。よって、品物は贈与されてもハウの力で生まれたところに帰りたがるのである。つまり何かを与えることは自分の一部を与えることであり、それに対するお返しがないとその欠損は埋まらないという（モース 二〇〇九、三四－三六頁）。

霊の力を想定しなくても、贈与が相手との関係を変化させるというのは、現代でも日常的に経験することである。たとえば、気に入った異性に対してプレゼントするという行為は、贈与をすることで、返礼として自分への好意を期待する行為である。受け手も相手に好意を持っていれば、しばらくしてから相手にプレゼントを送り、相互に承認し贈与し合う関係を形成すればよい。その代わり、もし贈り主との関係の変化を望まない場合は、即座にプレゼントと同等の品物を返礼として渡せば、いわゆる「貸し借りなし」の状態にすることができる。またもし相手との関係を悪化させてもよければ、プレゼントの品物を受け取らずに送り返すことも可能である。またプレゼントの品物においても、見知らぬ第三者が作成した既製品より、手作りの品物をもらうと、その品物に相手の人格が刻印されていると強く感じ、贈与が持つ力も高まるのである。このように他者に何かを贈与することは、相手との関係を変化させ、そこから継起する贈与の連鎖が、関係を深めていくことになるのである。

このような相互に頻回に贈与し合う互酬を規範とすることで、関係の強化を図り、集団内のストレスを軽減したのが氏族社会である。氏族社会での最大の贈与は、娘や息子を世帯間や氏族間で贈与する外婚制である。たとえば娘が贈与される父系社会においては、夫は妻の家族に対して、際限のないお返しを要求されることが観察されている。妻となった娘の所有権はあくまで元の家族にあり、あたかも使用権だけが貸し出されているかのように見えるのである（モース 二〇〇九、三九頁、黒田

一九九九、一一九－一二一頁)。漂泊バンドでも、外婚制はあったが、遊動し固定的な関係を結ばないことから、際限のないお返しが要求されるような互酬的なものではなかったと考えられている。氏族社会では、この外婚制によって親戚関係が拡大し、ほぼメンバー全員が親戚関係で結ばれたのである。この関係性は複数の氏族社会からなる部族社会でも同様であり、集団の規模が大きくなっても、誰もが相手が自分とどういう親戚関係にあるのかを記憶していられる程度に留まる。その結果、集団内でもめごとが起きても、双方の親類縁者が仲裁に入ることで解決できるのである(ダイアモンド 二〇〇〇b、九四－九五頁)。

援助対象とならない「関係のない他者」

この互酬による相互承認の関係の網の目の中に個人を埋め込むことによって、氏族社会は利己心を抑制したと言える。氏族社会はメンバー全員が親戚関係で顔見知りである。そうした社会において、何かを独り占めするといった利己的行動をとると、強欲であるとの誹りを受け、面目を失ってしまう(黒田 一九九九、一二六－一二八頁、風間 二〇〇三、二七六－七九頁)。また相互の協力関係にもとづいた生活を送っている以上、個人の努力だけで並はずれて豊かになることは困難である(ダイアモンド 二〇〇〇b、九五頁)。

たとえば現代においても、キリバス南部環礁の閉鎖的な社会においては、「余剰の物資、今現在使っていない道具、あるいは人のもつ技術は、現時点で必要とする人に与えられるべきであるという了解がある」（風間 二〇〇三、二〇一頁）とされ、実際、持てる者は、持たざる者からの懇請を断ることはできない。ここで重要なのは、持てる者にとって贈与することが義務と認識されていることである。互酬がもし同じ価値を持つ物の贈与と返礼であれば、集団間の格差は縮小しない。しかしまず持てる者に贈与する義務が認識されているのであれば、多く持つ者はその義務を多く果たさなければならなくなる。こうして氏族社会は、贈与を義務とすることで、集団間の格差を平準化したのである（柄谷 二〇一〇、七〇頁）。

漂泊バンドにおいて共同寄託は共感にもとづく自然発生的なものであったが、氏族社会における贈与は規範である。規範であるということは、実際にはその規範を逸脱することが可能だということを意味している。たとえば先に示したキリバス南部環礁では、過度な懇請から逃れるために物資を秘匿するなどの行動が報告されている（風間 二〇〇三、二七三―七六頁）。とはいえ氏族社会における贈与の義務は、いやいや従うものというよりは、それに従うことが当然であり正しいことであると認識されていたであろう。そもそも氏族社会での暮らしは、自然や先祖からの純粋贈与（大地の恵みや先祖が開墾した農地からの恵みなど返礼を求められない贈与）に大きく依拠している。その恵みは、その場を共有するみんなの物であるというバンド社会の共同寄託的な発想は、氏族社会でも継承され贈与の義務となったと考えられる。*1 ただしこの贈与の義務は、対象が限定されている。同一氏族あるいは部族のみを対象としているのだ。常に敵対的緊張関係にある他の氏族や部族に対しては、この規範の効力はないのである。

つまり人類は定住化に伴い、同じ氏族であるという同質性を基盤とした閉鎖的な「関係にもとづく援助」関係を生み出した。その結果、異なる氏族は仲間として相互承認の対象にならず「関係のない他者」と見なされたのである。現代社会において当たり前に感じる「関係にもとづく援助」、裏返せば「関係のない他者」へは援助を行わなくてよいという区別は、人類が定住し、仲間とそれ以外の者との区別が固定化し明確化したことに端を発している。

小　括

人類の共感する力にもとづいた援助は、快という感情に支えられた相互承認行為であり、集団を維

＊1　この点について、柄谷はフロイトの学説を批判的に継承して、「氏族社会に存する『平等主義』は強力である。それは富や権力の偏在や格差を許さない。しかし、こうした平等主義を各人の嫉妬などから説明することはできないし、懐古的な理想主義からも説明できない。それは強迫的なものである。フロイトは、この強迫性を『抑圧されたものの回帰』から説明した。つまり、一度抑圧されたものが回帰してくるとき、それはたんなる想起ではなく、強迫的なものとなる。この意味で、バンド社会にあった共同寄託（コミュニズム）は、氏族社会において、互酬的な掟というかたちをとって回帰したといってよい」（柄谷 二〇一〇、八三頁）と説明している。

持・形成するうえで欠かせない行為である。しかし、人類が定住社会に移行すると、漂泊バンドと異なり食料の備蓄が可能になり、利己的な振る舞いが集団内の緊張を高めてしまう。そこで互酬や贈与の義務、つまり「関係にもとづく援助」が社会的規範として位置づけられた。援助は、快（たのしいこと）というよりは、規範（やるべきこと）となったのである。

その結果、規範の適用範囲は同族社会に限定され、仲間以外の「関係のない他者」は明確に援助の対象ではなくなる。だが、この時代においては、誰しもが何らかの氏族に所属していないと生存が困難であり、「関係のない他者」の救済そのものが課題になっていない状況なのである。

しかし、次に見るように、国家が誕生すると、平準的な互酬関係だけでは社会を構成することができない。共同体の外部からの「よそ者」を抱え込んだ結果、身分の階層化が登場し、支配と従属関係で社会を構成することになる。ここに支配者からの救済が、社会統合のための特別な行為として出現することになる。

2　古代都市国家における「秩序維持型福祉」の誕生

なぜ国家が誕生したのか

氏族社会の規模が大きくなれば国家が誕生するわけではない。なぜなら氏族社会における秩序原理である互助や贈与の義務が作用するのは、人格的なつながりを持てる規模においてであり、集団の規模が大きくなりすぎると、関係性を確認できない他者が増え、互酬などでは秩序維持が困難になる。さらに氏族社会の平等主義は、特定の誰かに権力や威信を集中させることを回避し、集権的な国家組織への移行を回避する傾向にある（柄谷 二〇一〇、八〇頁）。

ではなぜ国家（まずは初期の国家形態である都市国家）は誕生したのだろうか。

氏族社会が古代都市国家に移行した理由について、ダイアモンド（二〇〇〇b、一一五−一二〇頁）は、次のように指摘している。[*2] 食料生産の拡大が人口の増加をもたらし、大規模社会を構成する可能性を高めた。そして大規模社会に伴う四つの問題点、①他人同士の紛争が増大し収まりがつかなくなる（法律の必要性）、②社会的な意思決定が困難になる（統治機構の必要性）、③一対一の物々交換だけでは集団として経済的に機能しない（再分配の必要性）、④人口密度が高まると生活必需品のすべてを

*2　氏族社会が国家に移行する間に首長社会がある。氏族社会より人口規模が大きく、身分の階層化が見られる。また世襲的な首長による統治を正当化する共同体の神への信仰も見られるようになる（ダイアモンド二〇〇〇b、九六−一〇四頁）。しかし社会階層化したとはいえ、支配階層間における互酬原理が集権化の抑制原理として働いており、この点で質的に国家と異なる社会である（柄谷 二〇一〇、八〇−八八頁）。

自給自足できない（交易の必要性）ことを、次第に克服していこうとする中で国家が誕生したのである。そして氏族社会が国家に移行すると、有用な技術（食料生産、織物、武器など）の発達が見られ、兵力や軍事物資を戦局に集中することができ、生産性の高い土地を奪うことが可能になる。その結果、周辺の氏族社会は連合して自らの国家を作り出し対抗しない限り、国家に征服されてしまうため、一気に周辺地域の国家化が促進されるのである。

また小泉（二〇〇一、一八五－二〇三頁）は、最古の都市国家を生み出したメソポタミアの考古学的知見をもとに、都市国家化のプロセスを次のように述べている。平等な氏族社会を形成していたメソポタミアが、都市国家化する動因として、紀元前四〇〇〇年初頭（ウバイド終末期）の環境変動がある。この頃、さらなる温暖化によりペルシャ湾の海水面が急上昇し、沿岸部の多くの集落は土地を放棄せざるを得なくなった。定住地を失った人々は、略奪的あるいは商業的な交易に従事したり、余剰食料を持つ内陸部の豊かな集落の「よそ者」になるしかなかった。「よそ者」は、氏族社会における「関係のない他者」とは次の点で異なる。外部にいる「関係のない他者」はあくまで排除の対象でしかないが、「よそ者」は仲間としての同質性を持たない（その意味では「関係のない他者」ではある）ものの、その社会の構成員として統合の対象となる。統合の対象でない「関係のない他者」が集落に侵入すれば「ならず者」として排除するしかない。そして「よそ者」を抱え込んだ氏族社会は、血縁を基盤にした互酬原理だけでは社会統制ができなくなり、「よそ者」を異なる身分とし、階層化した。さらに土地を持たない「よそ者」には特定の役割を負わせることによって余剰食料の分配を行うため、職能分化が進み、親族関係を超えた職能集団が生まれることになる。また外部の「関係のない他者」が「ならず者」として集落に侵入する事態に備え、軍事的な自衛組織ができ、統治のための機構が整備された。また「よそ者」という労働力を得て、余剰生産物や職人による工芸品が増加し、交易が活発化してくると、ますます多くの「よそ者」が流入し、社会秩序を維持する執行部門に権限が集中するようになった。この結果、数万人規模の集権的な都市国家が誕生したのである。

身分の階層化——都市国家の社会構成原理

都市国家の特徴を、氏族社会と比較してみると、第一に、不平等を正当化する身分の階層化社会となった点が挙げられる。

「よそ者」を抱え込んだことによって、氏族社会の平等な互酬原理を全体に適用できなくなり身分の格差が生じるようになった。つまり、集団内の承認構造が身分によって分化し、支配従属関係が基本となったのである。さらに戦争によって征服した人々を、奴隷と位置づけることで身分格差は一層拡大した。氏族社会においても他の氏族との戦いは行われていたが、敗者を養う余剰食料がなく、食料生産も集約的でないため奴隷にさせる仕事も少なく、略奪と同時に男性は全員殺されることが多かった。しかし都市国家は、余剰食料があり、労働の分化も進んでいるため、敗者を奴隷として使うことができたのである。

そして、このような身分の階層化を正当化したのが国家宗教である。氏族社会においても、先祖崇拝やアニミズムがあった。そこでは自然への贈与（供儀）によって、自然をコントロールしようとする呪術が行われており、また共通の祖先を供養することで社会を統合していた。しかし都市国家として集権化するプロセスの中で、指導者は宗教的権威も独占するようになり、自らを神と同一視することで支配を正当化するようになった。

さらに都市国家間の抗争は、それぞれの都市国家を守護する神々の抗争でもあった。敗れた神は民から棄てられ、勝利した神は民から畏怖され、一層超越的な力を得ることができる。このように宗教は国家の支配を正当化するイデオロギー装置であり、氏族や部族の違いを乗り越え、国家と一体化した神によって結ばれた「想像の共同体」を形成したのである（柄谷 二〇一〇、一〇六–〇八頁）。この超越的な「想像の共同体」への服従は、利己心を押さえつけ、「想像の共同体」のためには自己犠牲も厭わないことを動機づけたのである。つまり戦場で自己を犠牲にしてでも戦うことが愛国心の発露として称揚されるようになったのである。こうした集団のために自己犠牲も厭わないという発想は、漂泊バンドや氏族社会では見られないのである（ダイアモンド 二〇〇〇b、一〇四、一〇九頁）。

貨幣経済の導入

第二に、都市国家においては、貨幣経済が成立した。氏族社会でも、他の氏族との間で物々交換による交易は行われていたが、交易が失敗すると戦争や暴力による略奪に転化する危険性もあった。そのため沈黙交易など、直接的な接触を避けて交易がなされる場合すらあった（ポランニー 一九八〇、四九七頁）。

それに対して都市国家では、他の都市国家などとの交易が常態化し、活発な交易は都市国家の繁栄につながった。さらに都市内部においても、職業の分業化が進んだ結果、生活に必要なものを手に入れるために商品交換が日常的に行われるようになった。この交換をさらに促進することになったのが、貨幣経済の成立である。

貨幣経済は、最初から現代のような形で登場したわけではない。紀元前七世紀に小アジアやギリシャで鋳造貨幣が普及するまでは、原始貨幣による物々交換によってなされていた。古代メソポタミアや古代バビロニアの都市国家では、銀の量が物の価値を計算する標準として確立し、原始的な貨幣経済が成立していたのである。[*3] さまざまな財と銀との交換比率を確定することで、交換したい物を手に入れるために、何をどれだけ用意すればよいかが明確になったのである。実際、石油、羊毛、ナツメヤシ、レンガなどが、交換のための原始貨幣として使われ、兵士や官僚などの給料には大麦が支払い手段として用いられたのである（ポランニー 二〇〇三、九五-一〇四頁）。ただし現代の市場のように需要と供給で価格が変動する市場メカニズムは機能せず、国家によって一度決められた交換比率は、基本的に固定であった。

こうした原始的とはいえ貨幣の導入は、社会の構成員間に重大な関係の変化をもたらした。量として把握できる債務関係が生じたのである（ポランニー 二〇〇三、二七五－七八頁）。氏族社会においても、妻の家族への贈与義務（妻を贈与されたことへの返礼義務）といった債務関係はあった。しかしこの債務関係は銀などの重さで表すことはできない。いくら贈与しても妻を娶っている限り債務関係は解消されない。そして解消されないからこそ氏族社会の紐帯を強める原理となり得たのである。しかし都市国家になり、原始貨幣が導入されると、地代（小作料）、示談金、税金など貨幣により量として計ることが可能な債務関係が新たに生じた。債務のある者は、貨幣を支払えば、債務関係を解消することができるのである。むしろ、債務は期日までに必ず払い債務関係を解消する義務があるのである。もし払えなければ、多額の利息を上乗せした新たな債務関係を結び直すしかない。それも拒否されれば、自らの自由を売り、債務奴隷になるしかないのである。

身分秩序を回復するための「福祉」の誕生

このように都市国家は、最初から矛盾を抱えていた。貨幣経済の浸透は、社会に身分関係と異なる債務関係を持ち込んだ。つまり債務関係の流動性（上位の階層であっても債務が払えなければ債務奴隷になる）が、出自によって人々の身分を固定化しようとする身分で階層化した社会を脅かす可能性を有していたのである。

また債務関係は、同一身分内における互酬的な「関係にもとづく援助」を弱体化させる可能性がある。なぜなら、債務関係が互酬関係によって実質的な解消（借金を返さない）が容認されてしまうならば、誰も債務関係を結ばなくなってしまうからである。実際、先に紹介したキリバス南部環礁の閉鎖的な社会では、互酬関係の強さから、個人商店が長期に存続するのが困難な状況が報告されている（風間 二〇〇三、二四〇－六三頁）。お金がない者に対しても商品を掛け売りすることを断れず、また代金の回収も困難であり、互酬的な「関係にもとづく援助」を基盤とする社会では債務関係を貫徹できないのである。逆に債務関係を貫徹しようとすれば、互酬的な「関係にもとづく援助」を弱めるしかない。

つまり氏族社会においては、社会への帰属は、すなわち集団内の相互承認を意味し、互酬的な「関

*3 銀の量が価値の標準になるということは、実際の決済において銀が支払われるということではない。たとえばポランニーは、「古代バビロニアにおける物々交換の有名なケースではつぎのように計算された。すなわち、その土地は銀八一六シュクルに値するとされた。他方、交換に提供された物品には、銀シュクルで各々、馬車・一〇〇、六つの馬具・三〇〇、ろば・一三〇、ろば具・五〇、牛・三〇という値が与えられ、残りの額はその他の小さな品目にふられたのである」という例を紹介している（ポランニー 二〇〇三、九六頁）。

係にもとづく援助」の対象として生活を保障するものであった。しかし都市国家においては、国家への帰属は、平等な相互承認ではなく、身分によって階層化された支配従属関係という承認を受け、また正式なメンバーシップと承認された市民でも、債務関係によって転落の可能性があり、帰属が生活を保障するものではなくなった。よって都市国家は貨幣経済の影響を管理するため、大きな利益を生み出す他の都市国家との交易は、国家がその窓口を独占したり、都市国家の構成メンバーではない外国人に実際の交易を担わせたりしていた。

しかしそれでも、小作料や税金が払えずに債務奴隷になるものが出てくる。そこで身分で階層化した秩序を回復するための救済が統治者に求められたのである。たとえば、古代メソポタミアのシュメルの各都市では、アマギと呼ばれる債務奴隷や犯罪奴隷となった市民の解放（債務関係の帳消しなどの徳政）や、未亡人や孤児の保護（保護されなければ奴隷になるしかない）が、王の善政としてなされたとの碑文が残されている。これらはいずれも「神々が定めた本来あるべき姿に都市を戻し、安定をもたらすこと」（小林 二〇〇五、一五八頁）がその目的であり、王に期待された役割なのである。よってこれら徳政は、神殿落慶や王の即位の時によく行われ、王権の正統性を示す行為と考えられたのである。

この古代都市国家で行われた救済を、どのように評価すればよいのだろうか。まず氏族社会においてなされた、持てる者から持たざる者への贈与とは異なる。氏族社会においては、平準化することが秩序回復のためになったが、身分で階層化した社会においては、正統化された上下の階層を維持することが秩序を回復するために必要とされたのである。そのため救済範囲は、債務を抱えたり罪を犯して奴隷身分に転落した市民に限定され、戦争による捕虜奴隷や交易による購入奴隷の解放まではなされなかった。とはいえ、集団の秩序を維持するために救済が位置づけられたという点では同じと言える。しかし債務を負ったり罪を犯して市民が奴隷身分になった場合は、これまでの「関係にもとづく援助」の対象ではなくなり、市民にとっては「関係のない他者」（関係が切れた他者）に転落したのである。よってこの古代都市国家で行われたアマギこそ、「秩序維持型福祉」の原初的形態と評価できるのである。また債務を返済できずに債務奴隷になることも都市国家のルールであり、アマギのようにこのルールを一時的に無効にするのは、決して当たり前のことではない。であるからこそ、アマギは「神々が定めた本来あるべき姿に都市を戻し、安定をもたらすこと」なのだとその正当性を明示する必要があった。氏族社会の「関係にもとづく援助」では解決できない問題であり、質的に違いがある行為なのである。

統治者による「秩序維持型福祉」の限界

統治者による秩序を回復するための「秩序維持型福祉」は、「福祉」の原初的な形態の一つと言えるが、次節で述べる「福祉」のもう一つの系譜となる普遍宗教による「秩序再構築型福祉」と比べると以下の点で大きな違いがある。

まず援助の対象者が、限定的である。

既存の秩序を維持するための「福祉」は、同質性を基盤とした本来所属すべき共同体に排除された人を戻すことを目的としており、そもそも本来所属すべき共同体を失った者や、共同体内の同質性を持たない他者（よそ者）に対しては、救済の論理は及ばない。既存のつながりをいったん脱構築し新たなつながりを作り出すような普遍宗教による「秩序再構築型福祉」とは、大きく異なるのである。よって、統治者による「秩序維持型福祉」においては、都市国家市民という枠を超えることはなかった。

また、こうした統治者による「秩序維持型福祉」は、徳政という言葉から理解できるように、統治者の人格と結びつけられていた。統治者に徳があれば、民のためによい「福祉」をなし、統治者に徳がなければ、民の苦しみはなくならないのである。

しかし実際には、善良な統治者が民の苦しみを案じてアマギなどを実施したと理解するのは、表面的な理解であろう。統治者は徳政を行う代わりに、民からの忠誠心を得ることができ、民の逃亡や反乱を防ぐことができるのである。実際、古代メソポタミアでは、戦争を行う前によくアマギが実施され、債務奴隷になった市民の債務を帳消しにすることで兵士として戦わせたのである（NHKスペシャル取材班 二〇一二、三四八-五〇頁）。また、王の地位を武力によって奪い取ったものは、前王の悪行を責め、自らの徳政を示すことによって、自らの王権の正統性を示すことができたのである（小林二〇〇五、一五四-五八頁)。

統治者による救済は、あくまで統治者の利益につながる場合や、統治者の権威を増すための儀礼的な行為としてなされた。救済を受ける者の利益や必要性を考慮して行われたわけではない。救済を為す者と受ける者の利益が一致する必要はないのである。

古代民主制国家における救済

古代社会において、身分による階層化が基本的な社会構造であった。ただし、例外もある。それが古代ギリシャにおける民主制社会である。実はこの民主的な社会では、「秩序維持型福祉」を正当化することが困難であった。身分で階層化した社会であれば、統治者である王は市民から超越した立場にあり、救済の決定も、救済を必要とする市民と離れた立場で、その必要性を決断することができた。しかし民主制国家においては、統治者も救済の対象も同じ市民であり、市民間の関係は平等とされた。特定の者への救済は、市民の平等性に反すると考えられたのである(平等に関わる「福祉」の正当化問題の誕生)。さらには債権放棄を強いられる豊かな市民を納得させることは困難と言えよう。とすれば、古代ギリシャの民主制国家においては、貨幣経済の影響をどのようにコントロールし、援助することの社会的意味をどのように位置づけたのであろうか、以下で検討してみよう。

そもそも古代ギリシャの都市国家において、なぜ民主制が誕生したのか。それには当時の軍制が関係している。古代ギリシャの軍制において、当初は軽装の貴族戦士が主導する戦いであったが、次第に重装歩兵による密集隊形に移行していき、中小農民が戦力の需要な要素となり、政治的発言力を増したと言われている（伊藤貞夫 二〇〇四、一三三‐四三頁）。

しかし古代ギリシャにおける民主制が確立するうえで、もう一つの重要な要素がある。それが貨幣経済――特に鋳造貨幣の流通による市民階層における貧富の格差の明確化である。この格差に対処するプロセスにおいて市民の平等を基盤とする民主制が確立するのである。しかし、明確化された格差への対処の仕方は一様ではなかった。貨幣経済を極力排除することで平等な社会を確立したスパルタと、貨幣経済を市民活動の私的領域に押し込め、公的領域から排除したアテネが、両極端な対処方法を示したと言えよう。そこでそれぞれがどのような対処をし、援助がそれぞれの社会でどのように位置づけられたのかを検討するが、その前に鋳造貨幣が流通することの意義を確認しておこう。

鋳造貨幣の影響――個の創出

原始貨幣の導入は、社会に身分関係と異なる債務関係を持ち込んだ。さらに鋳造貨幣（コイン）が流通するようになると、個人が共同体や国家に依存しなくても生活できる状態を生み出し、個人を共同体から解放することを可能にしたのである。

貨幣経済は、まず銀などとの交換比率を表す計算貨幣として確立し、実際の決済には、計算貨幣とは別の原始貨幣が使われた。しかし、原始貨幣にはいくつかの問題があった。まず、メソポタミアで使われた原始貨幣である石油、羊毛、ナツメヤシ、レンガは、国内での交換には通用するかもしれないが、他国との交易では交換を拒否される可能性がある。他国との交易は、異なる価値体系間での交換である。A国では希少性が低く価値が低い物でも、B国に持ち込めば希少性が高く価値が高くなれば莫大な利益を得ることができる。逆に、A国で決済通貨として交換価値が認められていても、異なる価値体系を持つB国では同様の交換価値が認められない可能性がある。また、これらの原始貨幣はかさばり、時間とともに劣化する恐れもある。

それに対して、鋳造貨幣に使われる金や銀は劣化せず、材質が均一で、かつ随意に分割が可能であり、また分割したものの合成もできる。量的な差異を純粋に表現できる貨幣商品としてうってつけの素材なのである（マルクス 二〇〇五、一三六–一三七頁）。つまり鋳造貨幣と原始貨幣との決定的な違いは、「時間と空間を超えた商品の交換が可能になる」（柄谷 二〇一〇、一四〇頁）という点である。まず時間という点では、金や銀による貨幣は劣化せず不変の価値を保つ。そればかりか鋳造貨幣は、それ自体に普遍的な使用価値があり、異なる価値空間を貫徹する世界通貨としての機能を有することができるのである。

貨幣はもともと、商品交換において特権的地位を有している。一般に商品は必ず交換される（売れる）とは限らない。その商品を欲する人がいなければ交換されない。しかし貨幣は常に他の商品と交換できることが約束されているのである。よって鋳造貨幣は、時間と空間を超えた交換が約束された「力」を有するものといえ、貨幣の蓄積への欲望はそうした「力」への欲望であり、無限の欲望をもたらしたのである[*4]（柄谷 二〇一〇、一四〇‐四二頁）。

そしてこの鋳造貨幣が与える「力」は、人々を共同体の軛から解放し、個人としての生活を可能にする。定住社会への移行以後、人々は土地に縛られた生活をし、共同体の網の目の中に埋め込まれて生活をしてきた。原始貨幣が登場したことで、身分で階層化した社会に新たな債務関係が誕生したが、それでも人々は土地からの収穫に依存して生活しており、土地から離れて生活することは困難であった。しかし鋳造貨幣の登場は、空間を超える「力」を有しており、鋳造貨幣さえあれば異なる土地でも生活でき、新しい仲間との関係を自由に結ぶことも可能になる。まさに共同体から離れた「個」を創出する可能性を持っているのである。ただし鋳造貨幣の流通だけでは、全面的な個人の創出はできない。貨幣で商品を買える市場が常設され、安定的な商業活動により、商品が流通している必要がある。その点では、やはり全面的な個人の創出は近代市民社会以降になる。

このような力を鋳造貨幣が有していたからこそ、「古代の社会は貨幣を、経済と人倫の秩序を解体するビダ銭として告発したのである」（マルクス 二〇〇五、一九六頁）。では鋳造貨幣の影響をどのようにコントロールし、民主制を確立したのであろうか。まずスパルタの対応を見てみよう。

貴金属貨幣の流通禁止――スパルタの対応

スパルタは、古代ギリシャの都市国家の中でも特異な存在である。征服した広大な農地で、被征服民を奴隷にして働かせていたため、常に反乱の危険性があり、スパルタの成人男性は常に国家に忠誠を誓う戦士としての生活を送ることが求められ、その結果として平等な民主制国家を樹立した。

スパルタは、紀元前八世紀末に肥沃な農地であるメッセニアを併合し、少数のスパルタ人が、多数のメッセニア人を奴隷として搾取するという国家形態が確立した。メッセニア人は、スパルタの圧政を退けようと何度も反乱を起こした。その戦いの過程の中で、重装歩兵による密集隊形戦術が確立されていき、一部の貴族による卓越した勇気が主導する戦術から、身分の違いを超えて同じ戦士として協働する戦術に転換したのである。こうした戦術の変化が、相対的に中小農民の政治的発言力を増すことになった。

また重装歩兵に必要なブロンズ製の兜・胸甲・脛当て、鉄製の長い突槍、ブロンズ張りの大型の丸

*4　人類にとって言語の獲得は、世代を超えた記憶の継承を可能にし、時間軸のうえで自らの生をとらえることを可能にした。その結果、人類は自らの生の意味を考えざるを得なくなったのである。その不安が不変の価値への強い欲望につながったとも言える。

楯などの武具は、市民が自弁して戦うのが原則であり、それを整えるだけの経済的な基盤も必要であった。こうした背景もあり、前六世紀初頭には、完全制圧したメッセニアの土地を平等に再分配する大改革を行い、民主制に移行した（伊藤貞夫 二〇〇四、一四四－五三頁）。

さらにスパルタは、土地の均等保有という経済的平等を基盤にした民主制を維持するために、極端な政策を取った。貴金属貨幣の流通禁止と鎖国政策である。スパルタが民主制に移行した前六世紀初頭は、鋳造貨幣がギリシャの各ポリスで普及し始めた頃であるが、スパルタは貴金属貨幣の流通を禁じ、不便な鉄（錆びてしまい長期に退蔵できない）の貨幣の利用だけを認めた。また国外との物資や人の交流を厳しく制限する鎖国政策をとった。このように貧富の格差を拡大させる要因を制限することで、民主制の基盤となった経済的平等を維持したのである。スパルタがこのような鎖国政策をとれたのは、農業生産に適したメッセニア地方を支配したおかげで、食料の自給が可能となり、海外との交易に頼る必要性がなかったからである。

この他にもスパルタでは、特異な生活様式を男性市民に強いることで、利己的な振る舞いを抑制し、スパルタに忠誠を尽くす戦士共同体を形成した。満足に育たないと判断された嬰児は山中に棄てられ、男児は七歳になれば親もとを離れ、戦士としての訓練を受けるための共同生活を送った。三〇歳になれば家に帰れるが、夕食はグループごとに男性戦士だけで集まり「共食」することが義務づけられていた。このような鉄の規律によって相互承認を強いる平等な社会を維持したのである（伊藤貞

夫 二〇〇四、一五三-五七頁)。

このようにスパルタは、市民階層の経済的平等を実現したうえで、貨幣経済を極力排除することで、市民階層の平等性を持続させ、事後的な「秩序維持型福祉」が不要な社会を作り出した。このことはスパルタが、市民間の互酬を基盤とした氏族社会に戻ったわけではない。スパルタ市民の子どもたちは、親族の子としてではなく、国家の子どもとして育てられ、国家への忠誠心こそが社会を構成する原理となったのである。

しかしスパルタの特異な民主制も、鎖国政策を維持できなくなると、一気に貨幣経済の影響を受けて崩壊した。前四世紀後半に、アテネ支配に対抗するためにペロポネソス戦争が起き、スパルタは勝利するが、戦後にギリシャ各地で貨幣経済に触れたことで一気に貨幣経済の影響力に飲み込まれた。その結果、土地の売買に対する規制も緩和され、少数者への土地集中を促すきっかけとなった。前三世紀になると、市民の七分の六が土地を失い、共同食事に参加できずに市民権を失うものが続出した。そこで再度、借金の帳消しと土地の再分配を行おうとしたが、一度貨幣経済が浸透した社会では富裕者の抵抗が大きく、改革を志した指導者は殺されたのである (伊藤貞夫 二〇〇四、二九〇-九二頁)。

公的領域と私的領域の区分——アテネの対応

古代ギリシャの都市国家において、スパルタと並ぶ強国はアテネであった。アテネでも民主制は実現したが、スパルタと異なり、貨幣を自ら発行し諸外国とも積極的に交易した。国内でも、貨幣が流通し、市場での商品売買が盛んに行われた。

アテネが、交易を盛んに行ったのは理由がある。もともとギリシャは小麦などの食料生産に適した土地が少なく、人口が増えればすぐに自給自足が困難になった。その一方で、海に面していたため海上交易を行うことができた。古代においては、陸路の整備が不十分なため大量輸送には船が向いていたのである。つまりスパルタを除くギリシャのポリスは、黒海沿岸、シリア、エジプトという三大穀倉地帯との交易なしに存続できなかったのである。ギリシャからはオリーブ油、ぶどう酒、陶器などを輸出して、穀物を輸入したのである（伊藤貞夫 二〇〇四、一二五–一三一頁）。

まずアテネの民主制はどのように確立したのであろうか。アテネでも前七世紀半ばから、一部平民が経済力を高め、国政への参加を求め始めた一方で、中小農民の生活は困窮していた。大部分の農地が少数の富裕者の抵当となっており、借金の返済に困窮する者、借金が払えず債務奴隷になる者、国外に逃亡する者などが増えていた。こうした状況において、ソロンは前六世紀初頭に国政を担うアルコン（執政官）となり、さまざまな改革を行った。ソロンは、セイサクテイア（重荷おろし）と呼ばれる、債務の帳消し（「秩序維持型福祉」）を行った。土地の抵当権を解除し、債務奴隷を自由市民の地位に戻し、外国に逃れた者の帰国を許した。そして以降、自らの身体を担保に借金をすることを禁じたのである（伊藤貞夫 二〇〇四、一六七–一七〇頁）。しかしソロンの改革は、最終的にアテネ社会の矛盾を解決することはできなかった。貴族の側からは改革の行き過ぎを、中小農民からは改革の不徹底さ（スパルタのような土地の再分配を要求した）を非難され、ソロンはアテネから避難せざるを得ない事態になったのである（伊藤貞夫 二〇〇四、一七九頁）。

この混乱に乗じて政権を掌握したのが、僭主ペイシストラトスである。ペイシストラトスの改革については史料が不十分であり詳細は不明であるが、独裁者としてソロンの改革を一層進め、反対派貴族の没収地、あるいは共有地の再分配を行い、中小農民の保護育成を行ったと考えられている。そしてこの頃からアテネで貨幣の鋳造が始まったのである（伊藤貞夫 二〇〇四、一八二–八四頁）。

ペイシストラトスの死後、数年で僭主制は倒され、次第に民主制に移行していった。特に下層市民の台頭を促したのが、前五世紀前半のペルシャ戦争での下層市民の活躍である。ペルシャ戦争は、ペルシャ帝国が、ギリシャの各ポリスがイオニアに築いた植民都市への支配を強めようとしたことに端を発した。アテネは、前四九〇年のマラトンの戦い、前四八〇年のサラミス海戦で、ギリシャのポリス連合軍の主力として大勝利を収め、ギリシャの盟主としての地位を確立した。陸戦であるマラトンの戦いでは、重装歩兵が活躍し、それを担ったのは武具を自弁できる中堅農民であった。これに対して、海戦であるサラミス海戦では、下層市民を含めてすべての男性市民が乗船した。そして戦いの推移を決めたのは、重装歩兵よりも、漕ぎ手である下層市民の働きであったのであり、下層市民の政治的発言力が増大した（伊藤貞夫 二〇〇四、二一六–一七頁）。

こうした状況を背景に民主制に移行したアテネでは、いかなる社会制度を導入することで、身分制と貨幣経済の矛盾に立ち向かったのであろうか。

第一に、活動を公的領域と私的領域に分離し、経済活動は私的領域の問題とし、ポリスの市民としての評価は公的活動によるものとした。

アテネが直接民主制に移行すると、政治、行政、司法、軍事などあらゆる公的な場面に、成人男性市民が直接参加し、意見を述べ、職務を遂行することが求められた。全員が参加する意思決定機関である民会を基礎に、裁判や行政に関わる公的職務などは、任期制や抽選制を原則として、多くの市民が参加し運営する仕組みとなっていた。公的領域は、開かれた空間であり、万人に見られ聞かれる承認空間であり、ここで卓越した力量を示すことが、ポリス社会からの評価につながったのである。

この公的領域は古代ギリシャによって、新たに作り出された領域である。公的領域での言動をなす場合には、自らの家柄や貧富の状況などといった私的領域の属性を考慮せずに、ポリス全体の利益を判断してなされなければならないからである。そのため、部族のように血縁にもとづいた私的な関係を、地縁にもとづく関係に再編すること（クレイステネスによるデーモスの創設など）で意図的にその力を弱めるような改革もなされた（伊藤貞夫 二〇〇四、一八六-九三頁）。この公的領域を支える価値は、他者や血縁集団から支配されないという意味での自由である。公的領域では、市民一人ひとりが一度「関係のない他者」となり、公的領域を媒介として新たな関係を結び直すのである。そして人々は自由であるからこそ、卓越した力量を競い合うことに価値を見出したのである（Arendt 1958＝1994: 43-59）。ただし、国家の平等なメンバーシップとして承認の対象となる者は成人男性市民に限定され、その他の者は、個々の市民が家庭で支配するだけの存在と位置づけられ自由は認められなかった。第二に、貨幣経済を統制し、奴隷に生産労働を担わせることなどで、市民が公的活動に専念することを可能にした。

まず貨幣経済の統制については、ソロンの改革で示したように、自らの身体を担保にした借金を禁止し、債務奴隷化を防いだ。さらに土地に関しては、市民権を持たない者の所有を禁じた。そして人々の生活に必要な食料は海外との交易によって得ていたが、アテネの海軍力を背景に、小麦などの食料がアテネやアテネの支配植民都市を必ず経由するような仕組みを作り上げ、販売量と価格の安定化を図った（ポランニー 一九八〇、三五六-九八頁）。

また、戦争や交易で獲得した奴隷に、農業や家事だけでなく、商業や手工業、銀行業や鉱山業に至るまで、私的領域と見なされていた経済活動を担わせ、奴隷が主人の生活を支えていた（伊藤貞夫 二〇〇四、二七三-七四頁）。

さらに前五世紀半ば以降になると、奴隷を所有しない下層市民でも、公的活動に参加できるように、裁判の陪審員、戦闘員（海軍の漕ぎ手）、祭典における観劇、民会への参加に対して、手当が支給されるようになった（伊藤貞夫 二〇〇四、二二七頁、前沢 一九九八、一三-一五、三六-三九頁）。これらの手当の財源は、前五世紀初頭に発見されたラウリオン銀山のほか、ペルシャ戦争に勝利しデロス同盟の盟主となったことで、同盟に参加したポリスからの貢租を自由に管理できるようになり、それが充てられた。

つまり、貨幣経済を統制することで貨幣経済の悪影響を少なくし、奴隷制経済によって家計を安定させ、さらには公的活動への参加手当も支給することで、すべての市民が公的活動に専念できるようにした。

アテネにおける「福祉」

アテネは、公的領域において相互に「関係のない他者」として新たな結びつきを形成するため、個人の利害に関することを私的領域に押しこめ、貧富の差などは公的領域で討議すべき事項から排除してしまった。市民は経済的に自立していることが前提となっていたのである。とはいえ、たとえば公的活動への参加手当などは、貧しい市民への救済策とも考えられるが、支給理由の建て前は、貧しい市民を救済するために手当が支給されていたわけではない。市民として公的活動に従事するためであり、裕福な市民も支給の対象となっていたのである（ヴェーヌ 一九九八、二三四頁）。また実際の支給額も、「一般的な市民が一日の生活を送るのに、何とか間に合う程度の額でしかなかった」（佐藤二〇〇八、八三頁）のであり、この手当だけで生活することはできなかった。

また、アテネはペルシャ戦争の頃から、戦死した戦士の国葬を行い英雄として称えた。それに伴い前五世紀半ばには、戦死者の両親と子どもに関する法律にもとづいて、成人に達するまで遺児の養育を保障し、成人時には重装武具一式の授与を行った。また傷痍軍人にも手当が支給された（向山一九八八、一〇三頁）。これも遺児の困窮を救済するというよりは、国益に貢献した英雄を称える行為の一環であり[*5]、それ以外の一般的な要保護児童などの救済は行われなかった。

このようにアテネでは、公的職務や国益への貢献を理由として「秩序維持型福祉」がなされたが、限定的なものであった。公的領域は「関係のない他者」が集う空間であり、本来は「関係のない他者」同士の関係にかかわる「福祉」を論ずることが可能な空間である。しかし民主主義の論理においては、市民を平等に扱うという原則を崩すことはできず、貧富の差にもとづいた不平等を前提に議論することができなかった。つまり公的領域において生活困窮を理由にした「福祉」を正当化することができず、平等に関わる「福祉」の正当化問題が生じたのである。

*5　ペロポネソス戦争時にペリクレスが行った有名な葬送演説では、遺児たちに国費をもって成人するまで養育するのは、「これは戦死者および遺族のために、かかる苦闘の有益な栄冠としてポリスが捧げるものである」と述べている（トゥキュディデス 二〇〇〇、一九一頁）。

アテネにおける富裕者による私的庇護

公的領域で生活困窮者への「福祉」が正当化できないとすれば、私的領域での救済はどのように行われたのであろうか。

貨幣経済の発展の中で貧富の差が生じてくると、富裕者が貧窮者を私的に庇護する（パトロネジ）という「関係にもとづく援助」が生じた。庇護を受けることで、困窮をしのぐのであるが、庇護が持続的になればなるほど、庇護する者と庇護される者との間に支配的な上下関係が生じる。しかしこの庇護関係が広範に市民間の関係を規定するようになれば、民主制は機能しなくなる。公的領域においては、私的な関係性に影響を受けずに、ポリス全体の利益を考慮して自由に判断することが求められた。しかし、庇護関係を継続しようとすれば庇護者の意向に従うことになり、判断の自由が奪われるのである。実際、後の中世における封建社会は、この庇護（後見）関係が支配的かつ公的な社会関係となり、民主制のような公的領域はなくなるのである（島田 一九九三、一二頁）。

実際に、前五世紀以降のアテネの民主制において、どの程度こうした庇護関係があったのかは、意見が分かれる。民主制以前は、貴族による市民に対する庇護が政治的支持を受けるために行われていたが、民主制以降は消滅しないまでも潜在化したという見解が一般的であるが（ガーンジィ 一九九八、一〇九頁、橋場 一九九二、四二頁、伊藤貞夫 一九九二、五六-五九頁）、民主制アテネにおいても有力政治家の庇護にもとづいた政治的グループが機能していたとする見解もある（佐藤 二〇〇八、七七－一二七頁）。ただし共通するのは、「民主政下の健全な意思決定は、発言者の二念なき正しい意見の呈示があってこそ成立する、といった考え方が、当時、市民の間で理念として共有されていた」（佐藤 二〇〇八、一八二－八三頁）という点であろう。つまり実体として庇護関係が影響していたとしても、民会などの公的な意思決定の場面においては、庇護などの私的関係が暴露されれば、従属的なものとして非難・中傷され、提示された政策も、その公益性が疑問視されたのである（佐藤 二〇〇八、一八四頁）。

よって富裕者は私的な庇護を行うのではなく、公的活動として都市国家全体の利益のために奉仕することが求められた。富裕者は、国家のための公共奉仕として、軍船の管理や祭典における演劇など、多額の現金が必要な事業を、名誉のために引き受けさせられたのである（前沢 一九九八、九－一六頁）。こうした公共奉仕の中には、穀物の値段が上がった時に、穀物委員として低価格で穀物を提供すること（そのために買い付け資金の寄付や自ら貯蔵する穀物の供出）なども含まれていた。これらの行為は、富裕者から特定の貧困者を私的関係で庇護するのではなく、あくまで都市のために名誉をかけてなされたのである。アテネでは、官僚制がとりいれられずに、市民参加によって行政が担われた。そのため公的資金によって穀物高騰などの問題を解決するよりも、富裕者に公職を担わせ、彼らの私的財産による奉仕に依存していたのである（ガーンジィ 一九九八、一一〇－一一頁）。

アテネにおける市民間の共済

私的領域における救済としては、庇護関係にもとづく援助以外にも、新たな「関係にもとづく援助」が生み出された。市民間の共済である。エラノス貸付と呼ばれるもので、市民は団体に少額の融資を行えば、緊急時に無担保・無利子で必要な額を借りることができた[*6]（ガーンジィ 一九九八、一〇九頁、前沢 一九九八、一七頁）。これが氏族社会の互酬とは異なるのは、まず個人の自由な意思にもとづいた援助であるという点である。氏族社会の互酬は規範であり、個人の自由な意思にもとづくものではない。また富裕者の庇護とも異なる。庇護は、庇護する者と受ける者が固定した非対称的な関係であるのに対して、エラノス貸付においては、救済を受ける者は、次は救済する立場にもなりうるという意味で対称的な関係であり、民主制の平等原理に親和的な援助形態である。

このような共済は、契約という対等な「関係にもとづく援助[*7]」と言える。現代でも共済は見られるが、そのルーツの一つがアテネのエラノス貸付なのである。

アテネにおける「福祉」の限界

アテネの古代民主制においては、公的職務や公益への貢献を理由とする「福祉」はなされたが、貧窮者の「福祉」が公的領域におけるテーマにはならなかった。もちろん貧しい市民など、救済を必要としている人はいた。しかし公的領域の討議においては全体の利害を考慮すべきで、私的領域に属する個々人の利害にもとづいて判断しないという民主制の理念が堅持されているうちは、生活が貧窮しているという私的領域に属する理由をもって、公的救済を行うことはできなかったのである。

このように公的領域から、貧窮者の「福祉」を排除することができたのは、民主制に移行する前において、ある程度の市民間の経済的平等が実現し（土地の配り直しや債務の帳消しなど）、市民として経済的にも自立できる基盤が作られたからこそであった。よってその基盤が崩れ、下層市民が経済的に困窮すると、再び土地の再分配や債務の帳消しが議題になり、経済格差という私的領域の対立が、公的領域に持ち込まれることになる。なぜなら、市民としての政治的・経済的基盤が土地所有である以上、下層市民からの農地の配り直しへの要求はなくならないからである。しかし新しく分配可能な占

＊6　ただしエラノス貸付が実質的に生活困窮に対応できたのか疑問視する研究もある（佐藤 二〇〇八、八六－九一頁）。これによると、史料として残されているものは、いずれも融資額が高額で、罰金刑の支払い、奴隷の身受け金、経営資金の調達など、特殊な場合であり、またその範囲も男性市民に限らないと指摘している。

＊7　終章でも検討するが、市民間の契約にもとづく共済は、協同組合や社会保険制度など、互助を制度化するという一つの系譜となり、実質的に「福祉」の役割を担っている。しかし、本書では、これを「関係にもとづく援助」の一形態ととらえ「福祉」の系譜とは異なるという評価をしている。

領地を得られない限りは、富裕者の土地を再分配するしかなく、必ず富裕者と下層市民の対立を生み出す。そして、私的な利害対立は公的領域での言論では解決することはできない。もし政治的野心をもつ指導者が下層市民を扇動し「福祉」の実現を要求すれば、民主制は衆愚政治化あるいは僭主化し、民主主義そのものを滅ぼすことになるのである。もともとアテネの民主制の基盤となる土地の配り直しも、独裁的な僭主ペイシストラトスによってなされた。市民の貧富を改善する「福祉」を公的領域から排除せざるを得ない点に古代民主制の限界がある。

もう一つの古代民主制の「福祉」の限界としては、奴隷制社会を前提にした民主制であるという点である。公的な理由によって給付の対象になったのは、あくまで男性市民であり、寄留外国人や奴隷といった「よそ者」や家族はその対象となっていない。特にアテネは、直接民主制を維持するためにも市民となるための資格を厳格化し、容易に市民になることはできなかった（伊藤貞夫二〇〇四、二二七–二三一頁）。

小括

氏族社会から古代都市国家への移行は、平等な社会から身分で階層化した社会への転換であった。さらに国家においては、貨幣経済が導入されたが、これは出自によって人々の関係を固定化することによって秩序を維持する身分で階層化した社会を流動化させる危険性を有していた。そこで、貨幣経済によって混乱した秩序を、本来あるべき秩序に戻すための「秩序維持型福祉」が統治者によって行われ、そうした「福祉」を行うことが被支配者からの収奪という統治の正統性を表すと考えられるようになった。しかし統治者による「福祉」は、救済を受ける者の利益や必要性にもとづくものではなく、統治者の必要性にもとづいてなされる行為であった。

統治者による「秩序維持型福祉」は秩序を回復するための救済であり、広く古代社会に見られたが、例外として古代ギリシャにおける民主制国家においては、市民階層においては支配関係ではなく平等な関係が形成され、統治者による救済とは異なる対応がなされた。

まずスパルタでは、民主制が確立する過程において、土地の再分配によって経済的な基盤の平等がなされ、また貨幣の流通を厳しく制限することで、事後的な「秩序維持型福祉」を必要としない社会構造を作り出した。

アテネでは、貨幣の流通を積極的に行ったが、経済活動は私的領域の活動とし、国家全体の利益を考える公的領域での議論の対象としなかった。また土地や市民の人身に関する取引を制限し、男性市民が公的活動に専念できるように手当の支給も行った。手当の支給は、明らかに下層市民の救済という側面もあったが、市民間の平等という原則から下層市民だけを対象とすることはできず、すべての市民を対象とするものであった。

私的領域における救済は、統治者による救済のように支配関係を前提とする救済は望ましくないものとして位置づけられ、市民間の対等な自発的救済行為である共済が誕生した。

古代民主制は、スパルタにせよアテネにせよ、その前提に市民間の経済的な平等が必要であり、それが崩れると、公的領域の討議では貧窮者の「福祉」を論ずることができず、不平等を是正することはできなかった。また救済の対象は男性市民に限定され、外国人や奴隷は救済の対象とされなかったのである。

このように古代社会における救済は、貧窮しているというニードに直接対応するものではなかった。またその範囲も、都市国家の市民という枠組みを超えることはなかった。しかし貨幣経済が浸透し、複数の都市国家を包括する帝国が誕生するようになると、都市国家の市民という閉鎖性を打ち破り、人間という類的存在としての普遍的な在り方を示す思想が生み出されるようになったのである[*8]（柄谷 二〇一二、三-四頁）。

そして困窮者への救済という領域で、都市国家の救済の閉鎖性を脱構築化し、新たな救済の論理を構築したのが、キリスト教、イスラム教、仏教などの普遍宗教なのである。その中でも西欧諸国に大きな影響を与えたキリスト教の救済の論理を検討しよう。

3 キリスト教による「秩序再構築型福祉」の展開

国家宗教と普遍宗教の違い

国家宗教は、土地に根差した宗教であり、国家の秩序を維持するために貢献するものである。国家宗教は、統治者の支配を正当化するイデオロギー装置であり、被支配者は、国家宗教の神に、自発的に服従し祈願することで助けを得ようとする。国家宗教の神への帰依と、統治者（王や祭司階層）への服従は、同一視されたのである。そのため、戦争に負けて国家が滅びれば、その神への信仰も棄てられる。祈願への見返りを与える力（民を守るなど）のない神は信仰に値しないのである（柄谷 二〇一〇、一八八-九四頁）。

これに対して普遍宗教は、特定の都市や国家を守護する神ではなく、土地から超越した神であり、預言者を通して個々人に自らの意志を伝える神である。よって、その信仰は居住地に関係なく、誰に

＊8　たとえばアテネでは、ソクラテスが、公的領域と私的領域に分ける二分法を否定し、市民や奴隷という区別を超えた普遍的な徳を構想した。このような普遍的な立場から見れば、男性市民だけの討議でアテネの利益を考えることは、私的な集団の利益の追求でしかないのである。しかし彼の思想は、アテネの市民にとっては、公的領域における責務を放棄させることにつながる教えであり、青年を堕落させるとして、罪に問われ死刑となったのである（柄谷 二〇一〇、一八〇、二〇二頁）。

対しても開かれているという意味でまず普遍的なのである。さらに普遍宗教では、国家や共同体から離れた個人が直接に神と関係するため、それまでの王や祭司階層が国家宗教を媒介することを批判する。そうした国家宗教批判は、国家宗教が正当化している統治者の支配やその秩序そのものを批判し、脱構築化する働きを持っている。つまり普遍宗教が普遍性を獲得するのは、単に地域依存でないという意味で普遍的であるに留まらず、既存の国家宗教の秩序を脱構築し、新しい秩序を作り出すという意味で普遍的なのである（柄谷 二〇一〇、二二六頁）。

とすれば、国家と普遍宗教とは対立することになり、普遍宗教は国家から排斥されることになる。よって普遍宗教が定着するためには、国家の側が国家宗教に代わる新しい統治原理を必要とする事態が生じなければならない。それが国家の帝国化である。多くの都市国家を包摂した広域国家である帝国になると、特定の地域に限定されない宗教が、統治を正当化するうえで必要となる。また交易の拡大による貨幣経済の進展は氏族共同体の拘束から解き放たれた個人を生み出し、個人として自らの信仰の在り方を問えるようになる。さらに、貧富の格差が拡大する中で、既存の分立する秩序原理を超越して、帝国としての集権化を図ろうとする時、普遍宗教が帝国の国教として位置づけられたのである（柄谷 二〇一〇、一九五-九九頁）。

このような普遍宗教がもたらす新しい秩序は、既存の国家宗教の秩序から解放された「関係のない他者」となった個人間を、「愛」や「慈悲」によって結びつけた。その結果、都市国家で見られた

「秩序維持型福祉」とは質的に異なる、対象を普遍化した「秩序再構築型福祉」を生み出したのである。

ここでは普遍宗教の一つとしてキリスト教について検討するが、先にキリスト教の母体となったユダヤ教について見てみよう。

ユダヤ教の特質

ユダヤ教は、通常の国家宗教と大きく異なる特質を持っている。それは奴隷や寄留者といった「よそ者」に対しても配慮することを説く点である。このことは、ユダヤ教を信仰したイスラエルの民が、自ら寄留者であったり、奴隷を経験したことと大きく関わっている。

旧約聖書には、「寄留者を虐待したり、圧迫したりしてはならない。あなたたちはエジプトの国で寄留者であったからである」*9（旧約聖書 出エジプト記二二章二〇節）と書かれている。またイスラエルの民は、エジプトで奴隷となっていた人々が脱出しただけでなく、カナンの都市の支配から逃れ主体的にドロップアウトした低社会層に属する人々によって形成されたとする有力説がある（荒井二〇一三、一〇三-一一二頁）。この説によれば、イスラエルの人々は、都市における身分で階層化した社

*9　以下、旧約聖書、新約聖書の訳は、日本聖書協会の新共同訳による。

会に対する絶対的な拒否があり、このことが奴隷や寄留者への配慮を生み出したとしている。初期の共同体においては、支配者に抑圧されていた人々が、神ヤハウェに共に臣従するという契約によって連帯するといった新しい宗教運動でもあったのである。

ではどのような配慮がなされたのであろうか。貧しい者、寄留者、孤児、寡婦は、次の場合に、他人の土地であろうと食料を収穫することが許された。七年に一度の安息年の収穫、畑や果樹の一部を刈り取らずに残されたもの、落穂などであり（旧約聖書　レビ記一九章九－一〇節）（荒井　二〇一三、一三〇頁）、積極的な「福祉」というよりは、消極的な配慮というものであった。

しかしカナンの地に定住化し、農業に従事するようになると、ヤハウェ以外の農業神への豊穣信仰がなされるようになり、さらには前一一世紀末には国家としての形態をとるようになる（イスラエル王国）。奴隷から解放された社会を作ったのにもかかわらず、奴隷を使役する国家となってしまったのである（荒井　二〇一三、一五四頁）。

イスラエル王国は、ソロモン王の下で繁栄するが、過酷な懲役や課税に反発した人々によって、王国は北王国とユダ王国に分裂する。北王国は、前八世紀後半にアッシリアに滅ぼされ、ユダ王国は前六世紀初頭に新バビロニアによって滅ぼされ、多くの住民がバビロンに連行され再び奴隷となった（バビロンの捕囚）。

通常の国家宗教であれば、国が滅亡すればその神も棄てられる。しかしイスラエルの民はバビロンに捕囚された以降も神ヤハウェへの信仰を捨てなかった。彼らは、捕囚されたことを、神との契約を守らなかったことへの懲罰と理解し、かえって神ヤハウェへの信仰を深めたのである。そしてこの時期に唯一神を崇拝するユダヤ教が完成したと考えられている。イェルサレムの神殿は破壊され、遠くバビロニアにいるイスラエルの民にとって、神殿で祭司による儀式を行うことはできない。預言者が発した神の言葉や伝承を文字や口伝で受け継いでいくしかなかった。そしてこのことが、個々人が信仰によって直接に神と結びつくという新たな関係を生み出したのである。

この時に確立されたユダヤ教の教えは、信仰によって、かつての王国の繁栄を取り戻すことではなく、国家や階級社会を否定し、個々の独立性と平等性の倫理を回復することであった。国家を守護する支配者のための宗教ではなく、他の神からの支配を否定する被支配者のための宗教としてスタートしたのである。このようにしてユダヤ教は、普遍宗教としての性格を有していったのである（柄谷二〇一〇、二〇四－一五頁）。

原始キリスト教の誕生

イエスの宗教活動は、ユダヤ教の宗教改革運動としてスタートした。ユダヤ教の教えでは、律法と呼ばれる教えを厳格に守ることが求められていた。しかし、律法を日常生活のうえでどのように順守すればよいのかについては解釈の幅があり、それを解釈する律法学者が祭司にかわって台頭してきたのである。特にイエスが宗教活動を行った一世紀初頭においては、律法によって不浄とされているもの、異教的なものを全面的に排除し、生活のあらゆる面を律法によって規定しようとしたファリサイ派が主流となっていた（荒井 二〇一三、二四四－五二頁）。イエスは、ファリサイ派が、律法を厳格に守ることに固執し、日々の生活に追われて律法を守れない「地の民」や、ユダヤ人の純血を穢したとするサマリア人などを差別することを批判し、ユダヤ教の本質的な教義とは何かを問い直したのである。

イエスは、数ある戒律の中でも次の二つがもっとも重要であるとした。第一に「心を尽くし、精神を尽くし、思いを尽くし、力を尽くして、あなたの神である主を愛しなさい」、第二に「隣人を自分のように愛しなさい」である（新約聖書 マルコによる福音書一二章二九－三〇節）。この場合の愛は、エロス（性愛）ではなく、アガペー（無償の愛）を意味する。そして隣人愛は、単に家族への愛を拡大したものではない。むしろ家族や共同体のしがらみをすべて切り捨てて脱構築し、神と向き合った個人が、神に愛されているすべての人に対してなす愛である。その隣人には、同じ土地で暮らす「よそ者」に留まらず、異民族や異教徒、あるいは自らを迫害する敵といった外部の「関係のない他者」をも含むのである（新約聖書 ルカによる福音書六章二七－三八節、一〇章二九－三七節、一四章二六節、マタイによる福音書五章四三－四八節）。イエスの教えは、このように家族・氏族といった既存の関係への拒否に留まらず、貨幣経済や国家を否定した。イエスの信者たちは、すべての私有財産を売却し、金や食料は信者で共有し、食事も共食した。漂泊バンドのように、定住することなく、布教活動を行った

（新約聖書　使徒言行録四章三二―三七節、柄谷　二〇一〇、二二六―二一八頁）。

イエスの教えが受け入れられた背景には、当時のイスラエルにおける社会不安がある。当時のイスラエルは、ローマ帝国の属領としてヘロデ王が支配していたが、ヘロデは旧勢力の土地を没収し、過酷な税の取り立てを行い、富の格差を拡大させた。その結果、政治的・経済的緊張が高まり、支配に抵抗して盗賊や戦士となる者、故郷を捨て新たな共同生活を送る者、物乞いをする者など、社会的基盤を喪失した「関係のない他者」が増加していたのである（タイセン　二〇一〇、一七五―二二六頁）。

このようなイエスの教えは、イエスの死後、パウロによって次のように解釈され、ユダヤ教から明確に分離していった。もともと神が律法を与えたのは、神が人類を救済しようという意思（愛）があるからであった。しかし実際には、人間は弱く、罪深い。律法が示すすべての戒律を守ることはできないのである。そこで神は、神の子であるイエスをつかわし、神と民との旧い契約（律法）を廃止し、新しい契約を結び直した（新約聖書　ローマの信者への手紙三章二〇―三一節）。その契約の内容が神と隣人を愛することなのである。このように解されることで、律法が神から与えられなかった異民族を含むすべての人が信仰可能な宗教となり、ユダヤ教から別れ、普遍的な宗教となったのである（橋爪　二〇〇六、七三―八八頁）。

原始キリスト教における「秩序再構築型福祉」

このようにして確立したキリスト教による「福祉」の特徴は何であろうか。

第一に、キリスト教の「福祉」は対象が普遍的であり、秩序を再構築した。統治者による「福祉」は支配関係を前提とした援助であり、その閉鎖的な関係性を超えたところに「福祉」が広がる契機を有していなかった。またユダヤ教は、寄留者や奴隷という「よそ者」に対して一定の配慮をなす稀有な宗教であったが、自らは神から選ばれた民族であるという選民思想を有し、ユダヤ教の信者になるためには割礼などの特殊な民族的な習慣を受け入れることを求めた。それに対して、キリスト教はすべての人に信仰が開かれており、既存の家族や氏族といった「関係にもとづく援助」を否定し、国家や民族から超越した神と自ら「関係のない他者」となった個人が結びつき、さらに超越した神を媒介として「関係のない他者」である隣人と結びつくように秩序を再構築した。よって隣人愛の対象は、同じ信仰を有する人に限らず、すべての人、さらには自らを害する者にまで注がれると説かれた。つまりキリスト教の隣人愛およびそれにもとづく援助は、見返りを求めない無償の愛である。無償の愛であるからこそ、特定の人間関係（支配関係、血縁関係、友人関係、敵対関係など）による秩序を脱構築して、「福祉」の対象の普遍化をもたらしたのである。

第二に、キリスト教の「福祉」は自己の救済のためになされる行為である。

キリスト教の特徴の一つとして人間は生まれながらにして罪深いと考える原罪思想がある。この点を特に強調したのはパウロだが、単に旧約聖書の創成記に書かれたアダムとイヴが禁断の木の実を食べ、神を怖れぬ行為をしたことだけが問題なのではない。その後、神は人間を見捨てずに律法を与えたにもかかわらず、人間はそれを守ることができなかったことが問題なのである。よって人間は本性的に罪深い存在なのである。パウロは次のように語る。「律法を実行することによっては、だれ一人神の前で義とされないからです。律法によっては、罪の自覚しか生じないのです」(新約聖書　ローマ人の信徒への手紙三章二〇節)。このようにキリスト教は、まず自らの罪深さを自覚すること、自己を否定することを求める。律法を守ることを求めるユダヤ教には、こうした原罪の考え方はない。

では、一度否定した自己をどのように肯定すればよいのであろうか。それは神が遣わしたイエスが、人類の罪の身代わりとなって磔で死に、復活したことを信じることによってである。そしてイエスと一体になるための洗礼を受けることで、イエスの死と同じように罪深い自己も死に、そしてイエスが復活したように神に愛される自己が復活するのである。「わたしたちは洗礼によってキリストと共に葬られ、その死にあずかるものとなりました。それは、キリストが御父の栄光によって死者の中から復活させられたように、わたしたちも新しい命に生きるためなのです」(新約聖書　ローマの信徒への手紙六章四節)。

次に、このように神に救われた人が他者を救済するのはなぜであろうか。それは、神の愛に応えるために、神に喜ばれる存在になるためである（新約聖書 ローマの信徒への手紙一二章一節）。罪深い自己の存在を救済したのは神の無償の愛だった。無償の愛である以上、いくら神を愛しても、その恩に報いることはできない。地上においては何かを犠牲にしなければ愛することにならないからである（ヴェーヌ 一九九八、六四－六五頁）。神に喜ばれるためには、神の僕として神の意思である善を実行するしかないのである。他人を裁かず、同じ神の愛を受ける者として互いに助け合うこと。そして敵であっても餓えていたら食べさせることが求められたのである（新約聖書 ローマの信徒への手紙一二章一三－二〇節）。

このようにキリスト教の「福祉」を為す者は、単に他者を援助することが快だから行うのでもなく、共同体から強制される規範として行うのでもない。また仲間同士の自発的な共済でもない。自己の救済のために「関係のない他者」を救済するのである。

第三に、貧者、病者、障害者などを「福祉」の対象とし、これらの者の社会的価値を転倒した。ユダヤ教は、貧者への一定の配慮をなすが、貧しさ故に律法が守れない人々を差別した。また病者や障害者に関しても、律法を守れなかった罪の結果とされ、穢れた存在と位置づけ差別した（田中利光 二〇〇九、一二八－一三五頁）。

それに対してイエスは、富裕者を否定し貧困者を肯定する（タイセン 二〇一〇、三三五－四一頁）。「金持ちが神の国に入るよりも、らくだが針の穴を通る方がまだ易しい」（新約聖書 マルコによる福音書一〇章二五節)。「貧しい人々は、幸いである、神の国はあなたがたのものである」(新約聖書 ルカによる福音書六章二〇節)。また、病気や障害を治し、穢れをとりさった。このようにイエスは、律法の形式的な理解では罪や穢れがあるとして排除されていた人こそ、神の愛による赦しが必要であるとして積極的に手を差し伸べた。「医者を必要とするのは、丈夫な人ではなく病人である。わたしが来たのは、正しい人を招くためではなく、罪人を招くためである」(新約聖書 マルコによる福音書二章一七節)。

キリスト教が成立する以前においては、特定の支配関係を前提にしなければ救済の対象とならなかったばかりか、貧困者のみを選別して救済がなされることはなかった(ヴェーヌ 一九九八、五二頁、ブラウン 二〇一二、五頁)。それに対してキリスト教は、貧者や病者など社会から排除され、富者から政治的に存在価値のない者として不可視化されていた存在を「福祉」の対象として焦点化した。社会の下層に位置づけられていた者もわれわれの仲間として包括的にとらえるビジョンを提供したのである(ブラウン 二〇一二、九-一〇頁)。むしろ彼らを積極的に救済することが、神が人間の原罪を赦す行為になぞらえられ、教義上重要な行為と位置づけられたのである。

そしてこのことは、裏返せば、救済を行う者の謙虚さ(マタイの福音書六章一-四節)や、地位や財産の放棄と関連している。通常であれば救済を為す者と受ける者との間に生じる庇護的な支配関係を生じさせないようにするために、救済を為す者には謙虚さを、受ける者には神の祝福を与えたのである。こうした謙虚さや地位の放棄は、他者が同格な隣人である平等な社会を志向するものといえよう(タ

イセン 二〇一〇、三四五－五二頁)。

救済の内向化と組織化

イエスの教えは、既存の体制を批判し、被抑圧者が解放される神の国の到来を示すものであり、他のユダヤ教徒や、ローマ帝国の国家宗教を信仰する人々から弾圧された。この弾圧にどう対処するかが、イエスの教義に大きな問題をもたらした(西 一九九五、六三－六四頁)。イエスの教義を字義どおりに理解するのであれば、自らを弾圧する敵のために祈り、貧者であれば平等に救済する必要がある。しかし実際には弾圧を受けた信徒が教えを捨てないようにすることが重要であり、そのために貧しい信徒を優先的に救済の対象にする必要性があったのである。そこでパウロは、信仰共同体を守るために、ローマ帝国への批判を抑え(新約聖書 ローマの信徒への手紙一三章)、豊かな教会から貧窮する教会に、平等のために醵金《きょきん》することを求めた(新約聖書 コリントの信者への手紙二八章一－一四節)。またすべての財産を投げ出すのではなく、「持っているものに応じて」醵金することを求めた。イエスの時代は放浪を続ける信仰共同体であったのに対し、パウロが布教の対象としたのは、都市の比較的裕福な定住した市民であったからである。このようにイエスの教義が持っていた「秩序再構築型福祉」の対象の普遍性は失われ、同じ信仰を持つという関係を前提にするようになり、「関係にもとづく援助」として対象が内向化したのである(ブラウン 二〇一二、四四－四五頁)。つまり原始キリスト教は「秩序再構築型福祉」の論理は示したが、現実の「関係のない他者」への援助の仕組み（「福祉」）を作ることはできなかった。

その一方で、教会組織が各地で確立するようになり、救済活動も組織化するようになった。救済活動が熱心に行われたのは、貧しい信徒が信仰から脱落しないためだったが、もう一つの理由としては、聖職者も貧しい人であったということが挙げられる。それまでの国家宗教の司祭は権力者であり上流階級に所属していた。それに対してキリスト教の聖職者は、下級階層出身者が多く、彼ら自身が他の信徒からの支援を必要としていたのである。一部の教会では、私的な救済は行わずに、教会にまず寄付をすることを勧めていた。聖職者が必要とする分を差し引いた残りを、貧者に再分配したのである。聖職者だけが、誰がもっとも救済を必要としているのかを知っているからという理由によってである（ブラウン 二〇一二、三五-四七頁）。

ローマ帝国におけるキリスト教の公認化

キリスト教は、四世紀初頭にローマ皇帝コンスタンティヌスによって公認され、キリスト教の救済が「福祉」として社会に位置づけられた。これまで弾圧の対象であったキリスト教をなぜ公認化、そして後に皇帝テオドシウスによって国教化したのだろうか。それまでのキリスト教は、都市の中下層自由民（解放奴隷を含む）と、若干の上層を含めた女性を中心に広まっていた。特に、商人、職人、解放奴隷出身の役人、教育を受けた女性など、伝統的な都市への帰属意識を持てない層に対して、キリスト教は信仰にもとづく新しい関係を提供したのである（ブラウン 二〇〇六、五三−六二頁）。ただし信者の数は少なく、田園部や都市上層民には広まっていなかった。キリスト教徒は、磔になった罪人を神と崇める犯罪者集団であると見なされ、二世紀の初めには、キリスト教徒であることを撤回しなければ死刑になる場合もあった（松本 二〇〇六、一一八−一二三頁）。

このような状況を一変させ、キリスト教の布教を公認し、積極的に支援したのがコンスタンティヌス帝であった。コンスタンティヌス帝が、キリスト教を支持した背景には、三世紀からのローマにおける社会情勢の変化がある。

ローマは、アテネやスパルタと同様の都市国家としてスタートし、前六世紀末には王制から共和制に移行した。しかし僭主による貴族制の打破は起きず、貴族と民衆の対立は残り、平等な市民による民主制には移行しなかった。その一方でローマは、征服した都市の上層にもローマの市民権を付与し、都市をローマ化することで広大な領土を支配するようになった。つまりローマは、平等な市民によって統治するという「ポリスの原理を放棄していたにもかかわらず、それを維持する形式をとりつづけた」（柄谷 二〇一〇、一七七頁）のである。ローマ市民は統治に直接関わらないが、市民としての恩恵は平等に受けたのである。皇帝や有力者は、市民のために劇場や浴場を寄付し、穀物の配給切符をすべての市民に配布した。市民であれば平等に「秩序維持型福祉」を与えることでポリス的な公的空間のつながりを維持していたのである（ヴェーヌ 一九九八、一〇一一四頁、ブラウン 二〇一一、五一九頁）。ローマは前一世紀末には帝政になるが、貴族出身者からなる元老院議員などが政治や軍事を担う二重の支配システムであり、皇帝は「パンとサーカス」によって市民からの支持を得るように努めなければならない点では変わりなかった。

ローマ帝国は一世紀末から二世紀にかけて地中海一円を支配し最盛期を迎えたが、三世紀になると、各地で反乱が起き、周辺からの異民族の侵入を受けた。これに対処するために、周辺国境地の軍隊が強化された結果、実力のある軍人の政治的発言力が高まり、出身身分が低くても皇帝（軍人皇帝）に推挙されるようになった。コンスタンティヌス帝も、父親は下層農民出身であった。コンスタンティヌス帝の時代は、保守的な身分秩序に依拠する層と、実力で身分上昇を果たした新しい支配層との対立の時代でもあった。新しい支配層にとって、旧来のローマ帝国を支えた国家宗教に代わる秩序原理が求められていたのである（ブラウン 二〇〇六、一五一二七頁）。

またこの時代は、貧富の差が拡大した。膨大な軍隊を維持するために増税がなされたが、特権階級の所領は免税され、権力を持たない貧しい人ほど税負担が重くなった。その結果、小規模農民は耕作地を放棄し、大規模な領主の庇護を受け小作農となった。地方の大規模領主が封建領主化していき、都市に見られたポリス的な公的空間は失われていったのである（ブラウン 二〇〇六、二七一三四頁）。つまり市民を対象に「秩序維持型福祉」を行うことでは秩序が維持できなくなったのである。

このような社会変動に応え、ポリス的な公的空間に代わる新しい秩序原理を与えたのがキリスト教であった。国内で分裂していた貧者と富者、臣下と皇帝は、信者と神の関係になぞらえて結びつけられ、聖体拝領によって共有する神性を持つとされた。人々が水平的な連帯を実感する言語をキリスト教が提供したのである（ブラウン 二〇一二、一四四-四六頁、一七三-七七頁）。

「福祉」活動の再普遍化――「秩序再構築型福祉」施設の創設

コンスタンティヌスは、教会の土地税を大幅に免除し、司教およびあらゆる階級の聖職者の人的税や強制奉仕を免除した。キリスト教の聖職者は特権を得たのである。そしてその特権を正当化するための言説として救済の対象を再び普遍化することになるのである。つまり「キリスト教共同体の中の信者仲間に対する伝統的なキリスト教的慈善が、公的特権の恩返しとして行われる、より一般的な『貧者への配慮』という公的奉仕である、とみなされるようになった」（ブラウン 二〇一二、五七頁）のである。キリスト教の布教を単に公認するだけでなく、それに特権を認める場合には、国家に対していかなる貢献ができるのかが問われたのである。

その結果、「秩序再構築型福祉」を熱心に行うことが、自らの活動を正当化し、さらに新しい信者を獲得するための活動となった。そして四世紀半ばには、これまでにない新しい「福祉」の仕組みを生み出した。それは異人宿泊所（クセノドケイオン）である。異人宿泊所は、貧しい人が休息でき食事を与えられる施設であり、「秩序再構築型福祉」施設であり、病院でもあった（ブラウン 二〇一二、六〇‐六六頁）。他の宗教でも、神殿に病者が治癒を願ってこもったりすることはあったが、他者からの救済を受ける場ではなかった。他の宗教は、そもそも貧しい人や病者に援助をするという発想を持っていないのである。奴隷や貧民の遺体はゴミ捨て場に捨てられたが、キリスト教は身分の違いに関わりなく、死者を儀式でもって埋葬したのである（ヴェーヌ 一九九八、六六‐六七頁）。

このように身分を超えて人間の尊厳を尊重し、「秩序再構築型福祉」をなしたキリスト教は、当時のローマ社会に大きなインパクトを与えた。四世紀半ばに皇帝になったユリアヌスは、キリスト教への特権を取り上げ、ギリシャの神々を信仰したが、それでもキリスト教的「福祉」を無視することはできなかった。キリスト教徒以外の貧困者も含む「福祉」や死者への埋葬がキリスト教の拡大の原因と考え、彼が信仰する宗教においても「福祉」や死者への埋葬を行うように指示しているのである（ヴェーヌ 一九九八、六六‐六七頁、ブラウン 二〇一二、三頁）。

キリスト教が体制化したことの意義

イエスの教えは、国家、共同体、家族などに組み込まれていた個人を解放し、改めて個として神と向き合うことを求めており、必然的にその時代の体制批判を内包する。しかしそのような運動は、体制にとって自らを脅かす存在でしかなく弾圧せざるを得ない。またキリスト教にとっても、多くの信者を獲得するためには、支配者と対立しないことが必要となる。そこでパウロは「人は皆、上に立つ権威に従うべきです。神に由来しない権威はなく、今ある権威はすべて神によって立てられたものだからです」（新約聖書 ローマの信徒への手紙一三章一節）とし、地上の支配者の権威を認めた。このことにより、魂の救済に関する聖なる世界と、現実の支配に関する世俗の世界を分け、前者を教会が、後者を帝国が支配することとしたと解されている（橋爪 二〇〇六、八一−八二頁）。身分による支配構造を有する社会において、身分を超えた平等の教えを根づかせるには、異なる次元において棲み分けるしかないのである。そしてこの棲み分けによって、ローマ市民の公的領域の代わりに、超越的な神を媒介とした平等な関係を形成することができ、分裂しかけた帝国を再統合する秩序原理になりえたのである。

しかし両者の世界が交わる空間があった。それが「福祉」である。教会は、霊的な救済に留まらず、世俗的な生活に関わる救済も行った。つまり「福祉」こそ、聖的な世界と世俗の世界を結ぶ行為と言える。そして、キリスト教が体制化し世俗の世界に救済の基盤を置けたからこそ、「関係のない他者」を援助する社会の仕組み（「福祉」）として位置づくことができたのである。世俗の世界と切り離された聖的な世界だけであれば、それは信者による「関係にもとづく援助」に留まざるを得なかったのである。

その一方で、イエスの聖的な「秩序再構築型福祉」のイデオロギーは、体制化によって世俗の利害関係によって変質化する危険性を常に有していた。実際、キリスト教が救済した貧者は、都市の貧困者であり、かつ教会を支えるために献金をした人々と同じ共同体の仲間が中心であり、奴隷は救済の対象にならなかった（ブラウン 二〇一二、九〇－一一四頁）。六世紀には、マトリクラと呼ばれる救済名簿が作成されたが、その土地に住所があるものが対象となり実質的に「秩序維持型福祉」になっていった。また貧者の中でも、イエスが救済した病者や身体障害を持つ貧者が好まれ、労働可能な貧者は救済の対象から除外された（カステル 二〇一二、二六－三二頁）。

確かに、イエスが示した「秩序再構築型福祉」のイデオロギーは普遍性を失い、同質性を基盤とした従来の「関係にもとづく援助」を補完する「秩序維持型福祉」に変質化したかもしれない。しかし世俗を支配する体制と折り合うことで、「秩序再構築型福祉」のイデオロギーが、実際の活動として具現化し拡大したことも評価すべきであろう。またキリスト教のイデオロギーが、世俗の法体系にも影響を与えた点も重要である。

さらにキリスト教には、原始キリスト教が示した自らを否定し革新するエートスが受け継がれた。西ローマ帝国の滅亡後は、相次ぐ異民族の侵入が続き、自らの安全を守るために、地方の有力者に土地を託して主従関係を結ぶようになった。その結果、階層的な私的な主従関係を基本とする封建社会に移行した。都市の公的空間は完全に喪失し、経済も荘園制による現物経済が中心になり衰退した。その結果、キリスト教は単なる共同体の宗教になったが、自己革新のエートスは修道院などごく一部ではあるが受け継がれた。そして一二世紀になり貨幣経済と都市が発展するようになり、共同体の紐帯が緩み流動化するようになると、再び普遍性を取り戻すための宗教改革運動が発生した。多くは異端派として弾圧されたが、これらの運動は、単に教義解釈の変更を求めたわけではなく、聖なる世界に限定されていた「神の国」を世俗で実現することを求めたのである（柄谷 二〇一〇、二三〇-二五頁）。

確かに、普遍宗教による「秩序再構築型福祉」は、超越的な神を媒介にすることで、身分や民族、国家の違いを乗り越えて、「福祉」の対象を普遍化することができる。しかし次章で明らかになるように、市民社会においては、普遍宗教は個人の私的行為としての援助の動機にはなりえても、社会的行為としての援助を正当化する根拠にすることはできない。市民社会は、超越的な神による秩序を禁じ手にして、市民の契約（討議）にもとづく秩序を求めたからなのである。

小括

普遍宗教であるキリスト教による「秩序再構築型福祉」は、都市国家市民という枠や身分を脱構築し、超越的な神を媒介とすることで、普遍的に他者とのつながりを作り出すイデオロギーを提供した。さらに貧者、病者、障害者の否定的な社会的価値を転倒し、彼ら／彼女らを救済することに、信仰上の積極的な価値づけをしている。これらの特徴により、身分で階層化した都市国家の統治者による「秩序維持型福祉」の有していた限界を乗り越え、統治者に限定した救済から、すべての人が救済をし、救済される立場に立つことを可能にし（援助対象の普遍化）、「福祉」が社会の秩序を再構築する方法となったのである。

しかしキリスト教の「秩序再構築型福祉」の教えを、実際の世俗の世界で実現しようとすると世俗の権力との闘争が避けられない。そこで、聖なる世界と世俗の世界に分けることで棲み分けを行い、かつ体制化することで、実現可能な「福祉」という仕組みとなったのである。

近代以前においては、世俗の権力である国王や領主による救済は、国王などの即位時の儀礼的なものが主であり、飢饉や戦争などの折に政治的な課題になることはあったが、あくまで一時的なものであった。救済が、国家の政治的な課題として、公的領域に現れるのは、一四世紀以降のことである。経済活動が盛んになり浮浪する貧民が大量に発生し、貧困が治安問題になったためである。そのことにより普遍宗教による「福祉」に大きな課題が突きつけられることになるのである。

第2章

近代市民社会の「福祉」と社会連帯論による転換

1 国家による社会防衛としての「秩序維持型福祉」

浮浪する貧民への対応

西ヨーロッパにおいて、「福祉」が国家の政治的な課題となったのは、一四世紀に大量に発生した浮浪する貧民（「関係のない他者」）に対して、キリスト教会による「福祉」では対応できなかったためである。

ローマ帝国崩壊後の封建社会においては、キリスト教による救済は、農村コミュニティにおける互助に組み込まれていた。教会に集められた寄付は、教会の運営費、聖職者の生活費、そして貧者の救済に当てられた。ただし救済は、単に貧者であるだけでは対象にならず、労働ができない者であり、かつその共同体のメンバーでなければならなかった。さらにこうした共同体の互助を補うものとして封建領主による救済が行われた。飢饉などの時は、封建領主の庇護を受けることで乗り切ってきたのである（カステル 二〇一二、一二–一九頁、ゲレメク 一九九三、五六–六二、七七–八〇頁）。

しかし一二世紀になり気温が上昇すると、農業技術の革新もあって農業生産力が上昇し、余剰生産物を交換するために商業が再び盛んになり、商業都市が発展した。またこの頃行われた十字軍の派遣も、通商の拡大に影響を及ぼしたのである。これらの商業都市においては、自らの魂の救済を目的とした富裕都市住民による教会への寄付が盛んになり、「福祉」施設や施療院や、互助組織としての信徒団などが都市で創設され、救済活動を行った（河原 二〇〇一、二九‐三四頁、ゲレメク 一九九三、三九頁）。

その一方で貨幣経済の進展は住民の流動化を高め、教会を基盤とした救済システムが機能しない事態を徐々に発生させた。まず農村への貨幣経済の浸透は、農村住民間の階層分化を進展させ、農業経営だけでは生計が立てられない農民を大規模に発生させた。彼らは、副業をしたり、短期的に雇用を求めて共同体の外部に出稼ぎに行かざるを得なかった。また都市においては、農村と異なり毎日の食料を購入しなければならないため、特に職人身分団体に加入できない未熟練労働者は、食料価格の高騰や失業など、常に生命の危機に脅かされていたのである。しかし農村においても都市においても、彼らは労働ができる貧民であるがゆえに、教会の救済の対象にはならなかった。よって経済変動や天災が発生すれば、生活基盤を失い、働き口や救済を求めて浮浪化せざるを得なかったのである（カステル 二〇一二、六六‐七二頁、ゲレメク 一九九三、七七‐一〇〇頁）。

一四世紀半ばにペストが流行すると、ヨーロッパの人口の約三分の一が死亡した。その結果、労働賃金が上がり、深刻な人手不足が起き、各国で、労働を国民の義務として強制する政策がとられた。当時は自由な労働市場はまだ誕生していなかったため、基本的には、人々をその土地に縛りつけ、流動性を抑えて、強制的に労働させたのである。たとえばイギリスでは、賃金の上昇を防ぐために、雇用されている者の離職を禁止し、また労働可能な者はその土地で働くことを強制した。そして浮浪することや浮浪者の物乞いが禁止されたばかりか、物乞いを助長する行為として公の場での施し自体が禁止され、従わない者は収監された（カステル 二〇一二、五六―六六頁、ゲレメク 一九九三、一一一―一八頁）。

しかし浮浪する物乞いは減少するどころか、増加した。低く抑えられた賃金では生活できない者が脱走して物乞いとなったのである。物乞いの中には、障害者を装い憐みを乞う者も現れた。そのため、本当に救済を必要としている者にだけ物乞いを許可する鑑札を配布し、乞食を登録させ管理するようになったのである（カステル 二〇一二、七四頁、ゲレメク 一九九三、六七―七七頁）。

さらに一六世紀初頭になると、大航海時代の影響や、農村の疲弊により物価が上昇し、また数年にわたる飢饉も発生した。都市や農村の庶民の実質所得は世紀を通じて低下し続け、浮浪する貧民が一層深刻な社会問題となった（ゲレメク 一九九三、一二三―一三三頁）。もはや物乞いを管理するだけでは対処できなくなったのである。そこで物乞いを原則として全面禁止[*1]としたのである。このように、浮浪する貧民の問題は、脆弱な生活基盤しか提供できていないという農村共同体の問題を棚上げし、貧民は農村から排除され浮浪せざるを得ないにもかかわらず、都市においても排除すべき対象とされたのである（カステル 二〇一二、一〇〇頁）。

その結果、貧民は三つに分類されることになった。その都市に住所がない者（出生地が他所であり、居住年数が短い者）は追放された。都市に住所があっても、働ける者は、食事の提供を受ける代わりに都市が用意する公共労働を強制された。そして最後に、都市に住所があり、働けない者が公的な「秩序維持型福祉」の対象となったのである。

キリスト教「福祉」の限界

このような「関係のない他者」である浮浪する貧民の増加に対して、なぜ教会を基盤とした救済システムは機能しなかったのであろうか。本来であれば、いかなる理由があれ、貧困に苦しむ者を救済することがイエスの教えである。また公の場での物乞いや施しの禁止を認めることは、キリスト教の教義である「秩序再構築型福祉」を否定しかねない措置とも言えた。実際、こうした措置には、信者からの施しで生活する托鉢修道士を中心に抗議がなされたし、物乞い禁止の法令は教義に反し異端の教えにもとづいていると判断する神学者もいたのである（ゲレメク 一九九三、二五八-五九頁）。その一

*1　ただし物乞いが例外的に許可された場合もある。たとえば神聖ローマ帝国のカール五世が一五三一年に発布した皇帝勅書では、公の場での物乞いは禁止され、違反者は逮捕されたが、托鉢修道会、囚人（食費は自弁する必要があった）、癩病（ハンセン病）患者は例外として認められた（ゲレメク 一九九三、二〇五頁）。托鉢修道会や癩病患者などは独特の衣装を着ることが義務づけられており外見から区別が可能であった。

方で、押し寄せてくる浮浪する貧民は、現実問題として脅威であり、修道院や教会の救済システムでは財政的にも対処できなかった。そこで、危険を排除するための治安対策を容認せざるを得なくなったのである。実際、一六世紀前半にはローマ教皇自らが、ローマ市内での公の場での物乞いを禁止することになるのである（ゲレメク 一九九三、二九二頁）。

ただしこのことはキリスト教の救済を全否定することを意味するわけではない。直接的な施しは禁止されたが、教会を経由した救済活動は引き続き行われた。しかしキリスト教の「福祉」を社会統合の原理とすることは困難になったのである。これまでは、実際にすべての人が「福祉」により救済されていたわけではなかったが、理念的には貧しい人を愛することという教義によって、人々は身分で階層化した社会においても平等な関係を聖なる世界で作り出した。しかし物乞いの禁止は、そのつながりを間接的なものにし、特定の者を排除することで、普遍的な愛によるつながりを否定することになったのである。そして浮浪する貧民は、キリスト教が愛の対象としてきた貧民とは異なり、疫病の媒体であり、窃盗、略奪、売春を行う犯罪者集団であり、キリスト教徒としての義務（教会に行くなど）を果たしていないが故に、教会の「福祉」の対象とはならないという言説が受け入れられていったのである（ゲレメク 一九九三、二五五-六三頁）。

社会防衛としての「秩序維持型福祉」

これまで国家は、普遍宗教による「福祉」を公認したが、救済そのものには主体的に関与してこなかった。しかし浮浪する貧民問題を治安問題として位置づけたことで、治安の権限を持つ国家や都市といった世俗の統治機構が主体として関わらざるを得なくなったのである。

さらに物乞いを全面的に禁止した以上、これまで「福祉」の対象となっていた者（都市に住所があり働けない者）に対しては、何らかの機関や施設を通して援助する必要があるが、本来排除すべき対象が援助の対象に入らないようにするためには、「福祉」の対象者を選別し合理的に管理することが必要になる。その結果、「福祉」が国家や都市によって管理されるようになり、世俗化していくのである。実際に、教会によって運営されていた施療院を、世俗の行政官の運営に移行するところが現れたのである。

さらに「福祉」が治安対策と表裏一体化したことで、社会統合の方法というよりは、社会防衛の方法として活用されるようになった。そもそも「福祉」の対象とすべき者と処罰の対象とすべき者との境界は、流動的であり明確ではない。処罰の対象とされた浮浪する貧民の中には、その共同体に住所があれば「福祉」の対象となる病者や障害者もいた。居住要件がないため「福祉」の対象とならないのである。また、一度「福祉」の対象となったとしても、その地位は安泰ではない。救済にあたる役人の命令に従わなかったり、救済を悪用していると見なされれば、救済は打ち切られたのである（ゲレメク 一九九三、二〇三-〇六頁）。さらに救済にあたる役人を罵ったり、反抗すると、初犯は鞭による懲罰、再犯は縛り首に処する都市すらあった。これらの都市では、その威嚇の効果を上げるために、施しを行う場所や乞食と浮浪者を雇用する場所に絞首台が設置されたのである（ゲレメク一九九三、二二三頁）。このように「福祉」の対象の境界を恣意的にコントロールできるからこそ、「秩序維持型福祉」は貧民を従わせるための社会防衛の方法の一つとなったのである。

そしてこうした社会防衛としての「秩序維持型福祉」は、貧民が有していた宗教的意味づけを低下させ、次第に浮浪者や犯罪者などと一括して扱われるようになっていくのである（田中拓道二〇〇六、四八頁）。

生活の脆弱性の拡大

浮浪する貧民の問題は、外部から流入する脅威であり、自らの共同体内部に抱えている問題とは認識されなかった。しかし一七世紀末から一八世紀初頭にかけて、共同体内部の大衆の生活基盤が脆弱であるということが意識されるようになる。貧困は、外部から流入してくる人が抱えている問題でも、障害者や寡婦などの共同体の一部の人が抱えている問題でもなく、まさにわれわれの問題と認識されるようになったのである（カステル二〇一二、一六九–七三頁）。

それ以前のヨーロッパにおいても、飢饉、疫病、景気変動により、多くの住民が貧困状態になることはあった。しかしそれに伴う死亡者の増加で人口が減少し、労働力不足になることで、賃金水準が上昇し生活状態が改善することが見込まれたのである。しかし一八世紀頃になると、飢餓や疫病で大量の死者を出すことがなくなり、「死による調整の終焉」(カステル 二〇一二、一七三頁)が起きたのである。その結果人口が増大し続け、その多くが非熟練の賃金労働者にならざるを得なかった。そして求職者の増大が相対的な賃金水準を下げ続けることになった。つまり、不安定な賃金労働に依存する住民が増大し、共同体内の大衆の生活基盤の脆弱性を高めることになったのである(カステル 二〇一二、一六四-七六頁)。

このように大衆全般の生活基盤の脆弱性が認識されるようになると、「秩序維持型福祉」の社会的位置づけにも変化がもたらされる。大衆の生活基盤の脆弱性に対して、これまでの社会防衛的な「秩序維持型福祉」は効果を示さなかった。社会防衛的な「秩序維持型福祉」は、生活がすでに破綻し、浮浪し施しを求めている者を管理する方法であった。労働によって、最低限ギリギリの生活を送っている者は対象とならなかったのである。とすれば必要なのは彼らの生活が破綻しないようにするための社会統合的な「福祉」施策であったが、そうした施策はほとんどなされなかった。その結果、社会は四つの領域に分類された。統合された領域、脆弱性の領域(大衆)、「福祉」の領域(共同体に住所を持つ病者・障害者など)、社会的紐帯の失われた領域(浮浪者)である(カステル 二〇一二、一七六頁)。

スピーナムランド制度

ただし脆弱性の領域にある大衆を救済しようとした社会統合的な「福祉」がなされた国もあった。それは、イギリスのスピーナムランド制度である。スピーナムランド制度とは、一八世紀末にイギリスで始まった地域（教区）による最低生活保障制度のことである。低賃金労働者の賃金補助制度は、それ以前から一部の教区で実施されていたが、スピーナムランド制度は、低賃金労働者のみならず、失業者や労働できない者も同一の制度で生活を保障する制度であり、変動するパンの価格と世帯人数によって最低生活基準を算出した。最初イギリスの南部のバークシャーで実施されたが、この方式が他の地域でも採用されるようになり、農村部を中心に全国に広まった（大沢 一九八六、五二一-五三頁、ポランニー 一九七五、一〇四頁）。

欧州大陸ではほとんど見られなかった、こうした脆弱な大衆を対象とした「福祉」がイギリスで実施された背景には、いくつかの要因が挙げられる。

一つには、カソリック教会による「福祉」の代わりに、イギリスでは法律にもとづく世俗による「福祉」が一六世紀から行われていたことがある。ヘンリー八世が国王であった時代に、ローマ教皇と対立し、イギリスは独自の国教会を作り、カソリックの修道院を解散させ財産を没収した。その結果、カソリックによる救済活動が停滞し、代わりに救貧法による法的救済を行うようになったのである。[*2] 救貧法は何度も改正され、エリザベス救貧法として集大成されることになる。エリザベス救貧法は、教区ごとに貧民監督官を選出し、救貧税を集め、その財源によって労働できない貧民の救済を行った。この制度は、居住の移動を制限する居住地法（定住法）と相まって、出身居住地の責任で貧民問題に対応することが義務化した「秩序維持型福祉」である（右田ら 二〇〇一、三〇－三五頁）。スピーナムランド制度は、居住地による救済義務という「秩序維持型福祉」の体系の延長に位置づけられる制度なのである。

もう一つの要因としては、イギリスにおいては、農村部において早期に工業化が進み、都市部がその後に工業化されたことにより、農村部と都市部との間で、双方向に労働者が容易に移動していたという点にある。つまり農村部と都市部で労働者の取り合いが生じたのである。スピーナムランド制度が実施された年は、居住地法（定住法）が改正され、労働者の移動の制限が大幅に緩和された年である。スピーナムランド制度は、農村部で主に実施されたことからわかるように、都市における賃金上昇に対抗するための農村部の防衛手段であった。この制度によって、農村部に貧民を留めることで、

*2　救貧法が制定された背景としては、修道院の解散だけが理由ではない。先述した一六世紀の危機（物価上昇や飢饉）に加え、バラ戦争（一四五五－八五年）以降の封建家臣団の崩壊、織物業の景気変動、囲込み運動なども浮浪する貧民問題を深刻化させた（右田ら 二〇〇一、二九－三三頁）。

農繁期に調達可能な労働予備軍を確保したのである。当時のイギリスは農業革命によって生産力が向上し、農繁期の労働力需要が高まっており、その多くを臨時日雇いの労働力に依存していたのである（大沢 一九八六、五三-五六頁、ポラニー 一九七五、四〇五-一四頁）。

スピーナムランド制度は、実質的に生存権を保障する「福祉」制度として、救貧法の人道主義化として評価されることもある。また労働能力の有無を問わずに、救済へのニーズだけで救済がなされた点も画期的と言えよう。しかし救済を受けるためには、出身居住地から移動する自由を放棄しなければならなかった。あくまで居住地単位の社会統合政策なのだ。さらに、問題とされたのは、大衆の労働意欲と自尊心を低下させたことである。この制度が実施されると、雇用者は低賃金でも労働者を雇うことができたし、労働者は低賃金であっても救貧税による手当で最低生活費は保障されるので、手当に依存するように駆り立てられたのである。さらに同時期に労働組合の結成を禁止した団結禁止法が制定されたことを見てもわかるように、スピーナムランド制度は、あくまで地域の支配階層のパターナリスティックな支配を強化する「秩序維持型福祉」制度でしかなかったのである（ポラニー 一九七五、一〇一-一一〇頁）。

労働観の転換

スピーナムランド制度は、封建的な労働政策を、契約による賃労働という労働形態で実現しようとしたものである。しかしこの政策にはもともと矛盾があった。封建的な労働形態は、労働者の職業の自由を前提としない規制労働や強制労働であり、雇用者と労働者の自由な契約にもとづく賃労働とは、労働の社会的な位置づけがまったく異なるのである。

一二世紀以降、商業都市の活動が活発化したが、職人たちは職能団体（ギルド）を作って、都市における労働を独占した。職人は、親方、仲間職人、徒弟で構成された。徒弟は親方の住居に住み込み、無給であり、賃金労働者は仲間職人だけであった。その仲間職人もいずれ親方として独立するものであり、その意味で賃金労働者は過渡的な存在であった。また組合内での競争も戒められ、徒弟や仲間職人の数も制限され、農村からの浮浪者を雇用する受け皿にはなり得なかった（カステル二〇一二、一〇七‐〇八頁）。

産業革命以前の都市において、自由に職業を選べるという意味での自由労働という形態はなく、職能団体による規制労働以外には、ほぼ強制労働しかなかった。規制労働に従事できる者は特権身分を持つ者であり、そのほかは強制労働という治安活動の対象だったのだ（カステル二〇一二、一二四‐三〇頁）。

しかし一八世紀になり産業化が進展すると、労働観の大きな転換がなされるようになる。労働こそが社会的富の源泉であり、この富を最大限にするためには、規制労働や強制労働を撤廃し、労働の自由が必要であるという考え方である（カステル二〇一二、一七六‐九〇頁）。それまで社会的富は、異なる価値体系を持つ遠隔地との交易や、他国からの略奪によってもたらされると考えられていた。そのプロセスに労働は関与していたが、奴隷や兵士などの強制労働が中心で、労働そのものの価値は低かった。絶対王政へと進む中で、重商主義政策の進展により、国内の労働力を総動員し国際競争で有利な立場につこうとした。これにより労働の価値は高まったが、王命に従うことが大前提であり、強制労働という枠組みを超えるものではなかった。

その一方でブルジョワジーたちは、労働の自由を求めていた。ブルジョワジーは、事業の拡大や縮小に伴って容易に調整できる労働力を必要としていた。また強制ではなく、自ら創意工夫し、相互に競争することで、労働の効率がもっとも高まると考えられた。それ故に、これまでの身分や地域を基盤にした固定的な支配関係ではなく、自由な労働者との対等な契約による関係を望んだのである。自由労働市場を求める者にとっては、スピーナムランド制度は逆行するベクトルの政策であったのである。

自由な労働者という時、その自由には二つの意味がある。一つは、身分による封建的拘束から自由であり、自分の労働力を自由に売ることができる。もう一つは、土地という生産手段を持たないという点で自由（free from）であり、生活に必要な物はすべて商品として購入しなければならないのである。そして労働者が生産した商品を自らが消費者として購入するという循環が成り立つことで自生的な市場経済が確立するのである（柄谷 二〇一〇、二七七-八一頁）。

そして労働力も商品として市場経済に組み込まれるようになると、人々を労働に駆り立てるのは、領主への忠誠心でも地域への帰属意識でもない。自らの労働力が商品として高く評価されること（高賃金）になる。ここに初めて利己心を積極的に肯定する価値が生まれるのである。

これまでの社会の歩みを見てきてもわかるように、いかなる社会においても、人々が利己的に振舞うことを抑制し、援助し合うことが望ましいという規範や宗教上の教義があった。また中世の身分制社会の中では、人は何らかの集団に帰属することで生活を営んできたのであり、集団の利益が優先された。そうした中において利己的に振る舞うことは集団内の地位を危うくする行為だったのである。しかし自生的な市場経済の成立にあわせて到来する近代市民社会においては、人々は個として集団から自立することが求められ、市場においては、他者と競争し自らの利益を追求することは望ましい行為となる。人々が自由であるということは相互に独立した「関係のない他者」となることなのだ。その一方で「関係のない他者」を援助する仕組みである「福祉」は、他者に依存をもたらし、自立を妨げるものとして基本的に否定されることになるのである（自由に関わる「福祉」の正当化問題の誕生）。

しかし現実に、生活基盤が脆弱化している大衆を放置し、「福祉」をすべて否定することは、大衆による暴動などを惹起し、国家の正統性そのものが問題となってくる。市場原理のもとで、社会統合に向けた「福祉」をどのように位置づけるのかが、近代市民社会における大きな課題となっていくのである。

小括

封建社会に貨幣経済が浸透すると、階層分化が進展し、生活基盤が脆弱な者が次第に増えていき、浮浪する貧民が増加していった。一四世紀半ばにペストが流行し、大幅に人口が減少すると、深刻な人手不足が生じ、労働可能な人々が浮浪し物乞いをすることを禁止し、労働を強制する政策がとられた。しかしこうした政策では浮浪する物乞いは減らず、ついに一六世紀には、原則としてすべての物乞いを禁止せざるを得ない状況が生まれた。

物乞いの全面的禁止は、キリスト教の「秩序再構築型福祉」の教義に反するという見解もなされた。しかし、現実問題として浮浪者は都市の治安を脅かす存在と認識され、キリスト教の「福祉」の対象からは切り離されるようになった。もはや実質的にも理念的にも、キリスト教の「福祉」が、普遍的なつながりを保障することができなくなったのである。

そして普遍宗教に代わって、「福祉」において主体的な役割を担ったのが、国家や都市といった世俗の統治機構であった。国家や都市は、救済すべき者、強制労働させるべき者、排除すべき者を選別し、「秩序維持型福祉」と治安維持活動が一体のものとして運用されるようになった。その結果、「福祉」は、社会統合の方法というよりは、むしろ社会防衛の方法として活用されるようになった。

さらに一八世紀になると、貧困問題の大衆化が進展し、貧困は共同体の外部から流入する脅威というよりは、共同体の内部の多くの構成員が抱えるわれわれの問題として認識されるようになった。こうした大衆全般の生活基盤の脆弱性がもたらす問題に対して、社会防衛的な方法は効果を示さない。社会統合的な「福祉」が必要であったが有効な施策はなされなかった。

例外的にイギリスでは、賃金労働者を対象とする賃金補助制度（スピーナムランド制度）という「秩序維持型福祉」が実施されたが、それは労働力の移動を禁止する定住政策とセットであった。これは資本主義の進展とともに出現しつつあった自由労働市場のベクトルとは異なる政策であった。

市場経済への移行は、身分制を前提とした社会構造を変化させ、自由と平等を前提とする市民社会への移行をもたらすことになる。そこでは、労働による経済的な自立が求められるが、その一方で、現実に拡大している大衆全般の生活基盤の脆弱性にどのような「福祉」で対処するかが、市民社会の大きな課題となるのである。

次節では、この大衆全般の生活基盤の脆弱性が喫緊の政治課題となり大論争を行ったフランス革命（大革命から第二共和政まで）を取り上げ、何が論点となったのかを明らかにしよう。

2 フランス革命後の「福祉」の社会的位置づけの変遷

ロックの社会契約説

前節で述べたように資本主義経済の進展とともに出現した自由労働市場にとって、中世の身分制社会は不都合な社会構造であった。人々を、固定的な支配被支配の関係で労働させるのではなく、必要に応じて労働力を調達し、不要になれば解雇できる、商品としての労働力を欲したのである。

そこで身分制に代わる社会秩序をどう構想するのかが課題となったのである。この新しい社会の構想に大きな影響力を与えたのが、イギリスのジョン・ロックである。ロックが活躍した一七世紀後半のイギリスは、ピューリタン革命を経て、名誉革命により、議会主義や国民の基本的権利の確立など、世界に先駆けて市民社会の基礎ができた時期であった。こうした改革に理論的な正当性を示したのがロックである。ロックの代表作である『統治二論』（ロック 二〇一〇）は、後の「アメリカ独立宣言」や「フランス人権宣言」などにも大きな影響を与えたのである（松下 二〇一四、二一-四二頁）。

ロックの理論構成は、まず国家が誕生する以前の自然状態から始まる。[*3] 自然状態にある人間は、自由で、平等な、独立した理性的な主体と考えた。つまり血縁や地縁に縛られない「関係のない他者」として相互に存在しているのである。そして人々がこのような存在であるために必要な要素を、プロパティ（固有権）と呼び、具体的には「生命・自由・財産」を保全することを意味した。そして人々が理性的に判断すると、このプロパティの保全を相互承認することが合理的であり、それが自然法になると考えた。そして自分のプロパティが侵された場合は、それに対抗する範囲で自ら解決する権力を持つが、救済は不確実であり、常に権利侵害の危険性がある。そこで、人々は自力解決する権力を契約によって放棄することで社会を形成し、そのうえで個々に放棄された権力を信託する機関として政府を作ったと説明するのである（ロック 二〇一〇、二九六-四五一頁、松下 二〇一四、九〇-一七六頁、岡村 一九九八、一一八-一二五頁）。

ただし政府によってプロパティが保障されるのは家父長である男性の市民のみである。妻や子ども、家僕や奴隷は、家父長に従属する存在であり、プロパティの主体としては想定されない。このように家父長である市民と、それに扶養される家族によって構成される社会を構想したのである。

*3　ジンメルは、一八世紀の思想における独特な「自然概念」について以下のように指摘している。一八世紀の理論的関心は、自然科学的方向を持ち、自然法則を理解することが理想とされていた。人間をこの自然法則として認識しようとすれば、個々の経験や地位、教育などによって個性化した個人の内部にある本質的核心をとらえる必要がある。そしてあらゆる制約から解放された人間の核心は、万人共通の普遍的な人間性である。この人間性の純粋概念においては、人間は自由で平等な同質の存在と見なされるのである（ジンメル一九七九、一〇六-一〇八頁）。

ロックが構想した市民とは、名誉革命を担った上層ジェントリ（地主）を念頭に置いていた。この時期は産業革命以前であり、自らの労働力以外に財産を持たない賃労働者の問題はまだ表面化していなかったのである。それでもロックの構想が現代まで影響力を持つのは、個人を基盤に社会を構想したからである。産業化の進展は、伝統的な共同体や身分制を壊し、まさに個人を析出したのであり、個人の契約にもとづいた近代的な家族を生み出したのである（松下 二〇一四、一八二–八八頁、二一八–三〇頁）。さらにロックの提示した自由で平等な独立した理性的主体という市民の定義は、上層ジェントリだけに当てはまるものではなく、普遍的である。この概念としての普遍性ゆえに、実体としての市民資格は、次第にすべての成人男性に拡大していくこととなる。

またこうした人間像は、キリスト教の原罪を否定し、個人一人ひとりが価値を有することを前提にしている。その結果、罪の赦しを乞うのではなく、自らの幸福を主体的に追求することが理想とされ、幸福追求権の保障へと発展していくことになる（松下 二〇一四、一六四–七六頁）。実際に、アメリカの独立宣言では、プロパティの内実である「生命・自由・財産」は、「生命・自由・幸福の追求」となり、ロックの基本的な考え方を継承し、発展させているのである。

ロックの社会契約説における「福祉」の位置づけ

ではロックが構想した市民社会では、「福祉」はどのように位置づけられるのであろうか。ロックが前提として考える人間像は、「生命・自由・財産」をプロパティとして有しており、財産があれば少なくとも貧困による救済は必要がない。ではその財産はどのようにして得るのだろうか。まず人間は自らの身体を所有しており、そしてその身体を使って自然に働きかけて得られた物は、自らの財産として主張できると考えた（ロック 二〇一〇、三二四‐二八頁、松下 二〇一四、一五四‐六四頁、岡村一九九八、一五三‐五九頁）。ロックは、自然状態を、広大なフロンティアを有するアメリカを想定して構想した（ロック 二〇一〇、三五〇頁、松下 二〇一四、九〇‐九二頁）。無主の土地（共有地）を耕すことで、自らの土地とし、そこでの収穫物によって生活をするという独立生産者のイメージである。となれば、財産がないのは本人の労働が不足しているからであり、あくまで個々人がプロパティを保持するための機関である政府に救済を求めるべき問題ではないのである。

この点は、古代ギリシャの民主制国家においても同様であった。貧富の差などは私的利害と見なされ、「福祉」は公的な領域での政治的テーマにはならなかったことは前章で述べたとおりである。ただしポリスでは、公的活動への手当や、戦死者遺族への手当など国益に貢献したものへの「福祉」がなされた。しかしロックが構想する市民社会では、こうした「福祉」も安易に正当化することはできない。ポリスの市民は、ポリスのために貢献する存在であるからこそ、貢献に応じて手当が支給されたのであり、ポリスという共同体から切り離された自由な存在ではない（松下 二〇一四、一七九‐八〇頁）。それに対してロックの構想した社会は、まず先に個人として自由がまず確立し、任意に契約に参加した人で構成する社会である。プロパティの保全という限定的な共通利益に関することだけが政府の役割なのである。

このようにロックの市民社会論では、政府による公的領域での市民への「福祉」は正当化しにくい。しかし私的領域における私人間の救済は肯定している。財産を持つ者が、その余剰を提供しないことは罪であるし、また貧者は他人の余剰物に対して要求する権利があると述べている（ロック二〇一〇、九〇-九三頁、岡村一九九八、一三一頁）。だがあくまでこの権利は、富者が余剰物を抱え込み自然を無駄にしていることに対する道徳的な権利である。このように救済を私人間の問題とすることは、政教分離によって宗教が公的領域から私的領域に切り離されたこととも符合している。宗教による「福祉」は、治安問題としての貧民問題を解決できないという世俗的理由だけでなく、理論的にも公的領域の正当性を示す言説としての説明力を低下させていったのである。

フランス革命の課題——大衆の貧困

ロックの構想は、アメリカの独立に伴う市民革命やフランス革命を正当化するために貢献したが、アメリカでは比較的ストレートにその論理が継承されたのに対し、フランス革命では、「福祉」の位置づけに関して修正が必要となった。

というのも独立時のアメリカは、経済的に豊かであり、植民者の間には一定の平等感があった。

よって独立という政治的問題のみが主問題となりえた革命であった。それに対して、フランス革命においては、フランスに無主のフロンティアはなく、大衆は、労働によって財産を形成し幸福を追求するどころか、労働したとしても日々の生活にも困る状況であり、王政の打破という政治問題だけでなく、大衆の貧困という社会問題が重要な課題となったのである（アーレント 一九九五、一一七–一三七頁）。ここに社会契約説によって私的領域に位置づけられた救済をどのように公的領域の「福祉」として正当化するのかという問い（平等に関わる「福祉」の正当化問題）が、切実な問題としてリアリティを持ったのである。

そしてこうしたフランス革命が抱えた大衆の貧困という課題は、当時のフランスだけの特殊な課題ではない。産業化が進展した国家が市民社会へ移行するうえで避けられない課題であった。産業化が進み、社会的富が自由な労働によって最大化されると考えられるようになると、それを推進するためには、強制ではなく自らの理性にもとづいて創意工夫する主体、つまり市民が必要になる。しかし、誰かに従属することで生活してきた身分制時代の意識から、市民社会を構成する一員としての独立した精神へと転換することは容易ではない。

さらに産業資本主義にとって必要な労働者は、単に職を求める貧民ではない。規律を持ち、勤勉で、さまざまな仕事に適応するための基礎的な技能（読み書きや計算能力）を習得した商品価値のある労働力を有する者である。しかし産業資本は、この労働力という商品だけは自ら生産することができない。それは政府の役割であり、学校教育や徴兵制による軍隊がそのための制度となるのである（柄谷 二〇一〇、二三六-二三七頁、三一五-一六頁）。

このように市民は、自然状態で所与に存在する者ではなく、政府によって大衆を感化教育することによって社会的に作り出されるものであるとすれば、社会秩序を理性的な市民による契約だけで作り出すのは困難である。特に外部の敵と対抗するためには、大衆を国家に結びつけるためのイデオロギーが必要になる。フランスの場合、それが友愛であった。

友愛——大衆を包摂するイデオロギー

田中拓道（二〇〇六、四一頁）によると、友愛は、フランス革命の理念をしめす言葉「自由・平等・友愛」として知られているが、この三つの組み合わせは最初から定着していたわけではない。友愛が理念として定着するのは、第二共和政憲法前文で述べられた以降である。しかし友愛の概念自体は革命初期から頻繁に参照されており、その内容は多義的であった。

友愛の概念には、フランス革命に至るまで、キリスト教的、啓蒙主義的、ルソー的な潮流があった。キリスト教的な友愛がもっとも古く、その意味は神を媒介とすることで、民族などの特定の集団を超えた普遍的関係を含意するものであった。それが一八世紀になると啓蒙主義者が、人間の理性や人間性の観念と結合させることで、概念の世俗化を行った。そして一八世紀後半になり、友愛概念が政治化した。特にルソーは、人々の利己心を乗り越えて、社会を形成するためには、理性の力だけではなく、祖国愛という情念の力が必要であると述べた（田中拓道 二〇〇六、四一–四三頁）。

こうしたルソー的な影響もあり、革命の初期から、友愛は平等な市民から構成される同質的な「ナシオン」（ネーション）と結びつけて語られたのである。当初は、排外的な意味を含まず、普遍主義的な「人間同士の絆」を指すものとして用いられた。しかしフランス革命に干渉しようとする外国との戦争や国内の派閥争いが激化すると、「祖国」と「敵」との峻別にもとづく排他的な関係として友愛が使われるようになったのである（田中拓道 二〇〇六、四三–四五頁）。

「友愛」は「敵」に対する結束を高めるために、支配層が大衆を組織化するためのイデオロギーとして使われた側面もあるが、大衆そのものが他者とのつながりを求めたという側面もある。柄谷（二〇一〇、三二一–三二六頁）は、ネーションを、主権国家と産業資本主義が成立し、共同体から個人が離脱した（「関係のない他者」同士となった）状況において、想像的に共同体を回復するものとして位置づけている。共同体の消滅は、「永遠」を保障する世代的な時間制の消滅を意味していた。先祖から贈与された土地を子孫に贈与することで得られる永続性の観念はもう得られないのである。そこで失った共同体を補うものとしてネーションが想像され、現にいる国民だけでなく、過去と未来の国民をつなぐナショナリズムとして、友愛が理解されたのである。

「生存の糧を得る権利」をどう保障するのか

では、このような友愛イデオロギーにもとづいてどのような「福祉」が構想されたのであろうか。フランス革命初期においてこの問題を集中的に検討したのは、一七九〇年に立憲議会に設置された「物乞い根絶委員会」であった。フランス革命の理念を示した一七八九年の「人間と市民の権利の宣言（フランス人権宣言）」の第一条では、「人間は自由で権利において平等なものとして生まれ、かつ生きつづける。社会的区別は共同の利益にもとづいてのみ設けることができる」と定めている。しかし貧しい人々にとっては、その自由は具体性のない空しいものであった。そこで、貧困者問題の解決を議会に求める地区評議会からの要望書にもとづき「物乞い根絶委員会」が設置されたのである。委員会は、議会に対して「作業計画」や七つの報告書や関連する法令試案を提出した（林一九九九、一一七–一二〇頁）。

最初の「作業計画」では貧困問題に関する法律の基本原理を次のように示した。すべての人間に「生存権」があり、これは「人間と市民の権利の宣言（フランス人権宣言）」に本来含まれるべきであった。「生存権」にもとづく扶助は、宗教的「福祉」と見なしてはならず、社会にとって侵すことのできない神聖な負債である。ただしこの真理に力を与えるためには、労働可能な状態にある貧困者に与うべき生存手段が労働であることを認めなければならない（河野編一九八九、二一三–二一二頁）。

このように委員会は、基本原理の中核に「生存権」を置き、旧来の宗教的「福祉」を否定しているが、こうした指摘は、この委員会が初めて示したわけではない。実際、人権宣言の審議の過程でも、生きる権利や扶助を受ける権利を規定した草案が示されている（波多野 二〇〇五、一六八–七八頁）。

フランス革命の理論的基盤となった社会契約説は、プロパティ（固有権）の一つに生命を含んでおり、また社会契約をする目的がこのプロパティの保全であることを考えると、生きる権利が契約に含まれていることは当然と言えよう。しかし、ロックの社会契約説では救済は限定的な道徳的権利であり、法的な権利ではない。ではフランス革命時の議論においては、なぜ「福祉」を法的な権利として位置づける必要性があったのであろうか。

まず「生存権」というと日本国憲法第二五条を思い浮かべるが、フランス革命時の「生存権」は必ずしも社会権として確立したものではなく、社会契約説のプロパティに含まれる生きる権利（自由権）を出発点とした「生存の糧を得る権利」と理解すべきである（奥 一九八五、五一–五五頁、波多野 二〇〇五、一六八–七八頁）。そして現実の大衆の貧困という社会問題は、労働によって財産を築いて生きる権利を行使できない状況を示しており、政府の役割であるプロパティの保全ができておらず、政府の存在価値が問われたからである。

解決策その一――労働の保障

こうした状況で最初に考えられる解決策は、労働によって財産が築けるような土地を提供することである（林 一九九九、二二四頁、波多野 二〇一一、一三頁）。しかしアメリカと異なり無主の土地はない。そこで、国有化した教会の土地を、貧困者に廉価および分割払いで売却し小土地所有者を増やすことが実行された。さらには、革命の敵（亡命貴族や裏切り者）が所有していた土地を国有化し、愛国者である貧困者に売却することが、ナショナリズムにもとづく友愛によって正当化されたのである（波多野 二〇一〇、一八二-八八頁）。

しかし売却できる土地には限りがあり、また反革命勢力との戦況が好転すると、財政再建が優先され、廉価販売はとりやめとなった。そしてそれは何よりも、都市に集結している貧しい賃労働者や物乞いに対する解決策にはならなかったのである。

そこで委員会は、生きる権利を保障するために、賃労働を政府が提供することを検討した。そこで問題となったのは、個々の失業者に労働権を認めて一人ひとりに仕事を提供することが必要なのか、それとも一般的な雇用創出の政策で十分なのかである。委員会は、前者は不可能であり望ましくないと結論づけている。これまで行われてきた低賃金の授産施設を設置したり、公共事業で雇用することは、革命前でも実施されていたが、大量の失業者に対して、十分な量の有益な仕事が用意されず、結局無意味な形だけの仕事に労賃を払い、怠惰を助長していると批判されていた。まずは雇用の創出や産業の振興を妨げていた封建的な規制を撤廃することが必要なのであり、労働は個別的な権利とはなり得ない。むしろ国家が労働を保障せず、自由労働市場に任せることで、労働力が適切に分配され、結果的に国家の繁栄につながると結論づけた（カステル 二〇一二、二〇頁、内野 一九九二、九一－九三頁、波多野 二〇〇七b、五七－六一頁、波多野 二〇一〇、二〇〇三－〇五頁）。

当時のフランスは、産業革命前であり、封建的な土地所有や職業規制などが、農業や商業の発展を妨げていたと考えられていたのである（林 一九九九、一二二－一二三頁）。よって革命初期には、これらの規制を撤廃すれば、かなりの労働の創出とそれによる貧困問題の改善が可能だという楽観的な見方があったのである（波多野 二〇〇四、六六－六九頁）。

解決策その二――権利としての「福祉」

しかし委員会は、封建的な規制を撤廃しても、すぐに失業問題が解決するわけではなく、またその効果が出たとしても、貧困を根本的には根絶することはできないと冷静に指摘した（河野編 一九八九、二一七頁、阪上 一九九九、二五五－五六頁）。低賃金や長時間労働による疾病など、貧困の原因はなくならないのである。

とすれば生きる権利を保障するためには、労働権の代わりに「福祉」に対する権利を認めざるを得ないのである。ではなぜ、その権利を、他者に対する道徳的権利ではなく、政府に対する法的な権利とする必要があるのであろうか。

それは貧困の原因を封建的な社会体制と考えたため、貧困問題を解決するには国をどのように組織化するのかという政治的な課題と結びついていると考えたからである。委員会は、これまでいかなる国の憲法も貧者の問題を考察したことがないが、貧者の社会に対する権利や社会の貧者に対する権利を明確にすることが、フランス憲法の義務であると指摘している（波多野 二〇〇七b、四四‐四五頁）。

またフランス革命は、特権を持った社団・身分を否定するために国家と国民の間に介在した中間団体を廃止した。教会財産は国有化され、ギルドは廃止されたのである。しかしこうした中間団体は、まさに私的な救済を行ってきた主体であり、その廃止は、必然的にそれを命じた政府が救済を肩代わりすることが期待されたのである（波多野 二〇〇七a、一四七‐五〇頁）。

そして「福祉」の権利を正当化するイデオロギーとして友愛が位置づけられた。同じ国民は、直接的に「関係のない他者」であっても共通の敵（反革命勢力）と戦う友と承認すべきであり、その窮状を見捨てることはできないとされたのである。しかし「福祉」の権利は、すべての者に無条件で保障されるものではない。その理由は、社会契約説の功利的な解釈から来ている。社会契約説において人が自然状態を離れるのは、社会契約による相互協働から利得が得られるからであり、人は他者にとって有用な存在でなければならないと考えられた。*4「私は遊んで暮らしたい。あなたの財産の一部を私にただで譲って下さい。私のために働いて下さい」という物乞いは、社会の共通の利益に対する反社会的な行為であり、他者の財産権に対する侵害とされたのである（林 一九九九、一二二―一二四頁、波多野 二〇〇七b、六三頁）。そして「生存する人々が、社会にたいして『生存を保障せよ』という権利を有するならば、社会もまた『労働を提供せよ』と答える権利を有している」のである（阪上 一九九九、二五六頁、田中拓道 二〇〇六、五一頁）。

そのため貧困者を、扶助の権利を持つ真の貧民と労働の義務を果たさない悪しき貧民に分類しなければならない。真の貧民とは、「すなわち財産も資源も持たずに、その生存を労働によって獲得しようとする者。年齢によってまだ働くことができない者、あるいはもはや働くことができなくなった者。最後に、その障害の性質によって継続的に活動できない状態に置かれている者、あるいは一時的な病気によって一時的に活動ができなくなっている者」である。そして悪しき貧民とは、「すなわち職業的物乞・浮浪者という名で呼ばれている者で、あらゆる労働を拒否し、公的秩序を乱し、社会における禍であり、厳格な処罰を受けるに値する者」なのである（波多野 二〇〇七b、四九頁）。そして悪し

*4 社会契約説をこのように功利的に解釈すると、先天的な重度障害者などは契約の対象とならない。社会契約説の異なる解釈の可能性について検討したものとしてヌスバウム（二〇一二）の特に第二章を参照。

き貧民は、「福祉」ではなく懲罰的な矯正院に送られるべきであるとしている。

解決策その三――貧困者への感化

ただし単に悪しき貧民を排除するのではなく、貧困者を道徳的に感化して、勤勉な市民とすることが求められた。当時の啓蒙主義者の「万人の完成可能性」や「人間性」への信頼感といった博愛思想が影響しているのである（田中拓道 二〇〇六、四九頁）。

そのため矯正院の目的は、労働の奨励、善への教導であり、それまでの治安対策としての物乞い収容所における過度に厳しい処遇や、労働も十分に与えない運営を否定した。矯正院では、十分なしかし最低限の食事を提供し、収容者が労働への意欲を持てば持つほどその待遇が改善される。しかし物乞いをして捕まった回数に応じて、矯正院への収容期間は長くなり、五回以上になると、矯正不可能と見なされ最低八年以上の追放刑となる。社会があらゆる手段を講じて更生させようとしているのに、更生しないのであれば、それは貧困者本人の責任とされたのである（波多野 二〇〇七b、六二－六七頁）。

また真の貧民に対しても、過剰な援助が怠惰を助長し、善き習俗を壊す可能性があるため、「国家によって扶助され国家の世話になる者は、扶助の必要がなく自らの資源によって生きていくことのできる者より良い条件下に置かれてはならない」とし、劣等処遇を原則としている。また国家が、必要最低限な「福祉」を行えれば、それ以上の「福祉」は怠惰を助長するので、場当たり的な個人や団体の私的な救済は不必要であるばかりか、望ましくない行為と位置づけた。こうした「福祉」を実行するために、あらゆる資金を国家のもとで一元的に集め「扶助基金」を作り、専門の管理部門が運用し、厳密に必要に応じて給付することを提案するのである（波多野 二〇〇七b、四八－五五頁）。

さらに、特に児童に対して、労働の奨励や善への教導などを行う場として家族が重要視されることになる。これまでは捨子は施療院などで怠惰に育てられていたが、それに代わって公権力の監視と援助のもとに、社会に有用な市民となるように里親や養子制度の活用をすべしとしている。委員会は、高齢者、病者や障害者を含めて、施設収容でなく在宅扶助を原則とすべきとしているが、それは施設に比べて費用が安く済むだけでなく、家族の助け合いにより、良い習俗が涵養されることを期待するからである（波多野 二〇〇七b、五五－五七頁）。

委員会の解決策の矛盾

「物乞い根絶委員会」の報告は、その後の立法議会や国民議会で具体的な制度として検討され、憲法にもその考え方が反映されていった。

一七九一年憲法では、第一編の基本条項の一つとして「捨て子を養育し、貧しい障害者を助け、仕事を得ることができない健常な貧民に仕事を得るために、公的扶助に関する一般的施設が創設され、組織される」と記され、「福祉」を政府の義務と定めた。さらに一七九三年憲法（ジャコバン憲法）では、第二一条で「公的扶助は神聖な負債である。社会は、不幸な市民に労働を供与し、労働不能者に生計の手段を確保することによって、不幸な市民の生存を保障しなければならない」と生存の保障を政府の神聖な負債と位置づけたのである（田中拓道 二〇〇六、五〇－五三頁、波多野 二〇〇七a、一四九頁）。

また、ジャコバン派のロベスピエールは、ルソーの影響を受け、社会的不平等の是正を推し進める立場から、社会の第一の目的を、社会のすべての構成員の生存権を保障することであると主張し、より明確に生存権を位置づけた。さらに累進課税による財産権の制限、友愛の義務化などを提起した（波多野 二〇一一、九－一三六頁）。

しかしフランス革命初期において、公的扶助はほとんど機能しなかった。政治的な混乱や財政問題のほかにも、そもそも全国一律で公的扶助制度を運用するための官僚組織ができていなかったことや、貧困者の必要に応じて最低限の給付をするための評価方法がなかったことなどが指摘されている（波多野 二〇〇七a、一七一－七六頁、波多野 二〇〇七b、五六頁）。

だが委員会の救済案は、そうした運営上の問題点だけでなく、社会の在り方をめぐる原理的な問題を抱えていた。

まず委員会の論理を要約すると以下のようになる。

〈条件1〉市民は生きる権利を有する
社会契約説の立場にたち、プロパティの一つとして生きる権利を認める。政府はその保全をすることがその存在理由となる。
〈結論1〉国家は労働権を保障できない
生きる権利を行使するためには、労働することが必要であるが、生産手段（土地）の所有には限りがあり、賃労働に就くことも権利としては保障できない（失業の危険性を排除できない）。
〈結論2〉国家は「福祉」の権利を保障する
最低限以上の「福祉」は、市民を怠惰にするが、私的な救済は場当たり的であり、憐れみを誘う貧民には手厚く、そうでない貧民には手薄くなり、望ましくない。
また封建時代に私的な救済を担ってきたのは、中間団体であり、反革命勢力であるので廃止した。よって国家が救済を独占し、国家への忠誠に対する友愛の証として「福祉」の権利を保障しなければならない。

国家が扶助の権利を保障するのは、〈結論1〉として労働権を保障できず、私的な救済は望ましくないからであるという論理展開である。これだけであれば、すべての国民に「福祉」の権利を認めるというシンプルな結論になる。しかし委員会の論理には、もう一つの前提条件が加わっている。

〈条件2〉市民は互いに有用でなければならない

社会契約説の立場にたち、自然状態から自主的に契約を結ぶ以上、お互いにその契約が有用である必要がある。相互に労働の義務を負い、社会的富を増やす責任を負っている。

この〈条件2〉が義務として入ることで、「対象の普遍性」を否定し、〈条件1〉の権利性に亀裂が入るのである。つまり有用でない＝労働の義務を果たさない者の生きる権利は、政府が保全するべきなのかという問題である。

そしてこの問題は、〈結論1〉を採用したことで一層顕在化したと言える。そもそもロックが理論形成するうえでの前提条件として、労働によって財産を形成することが当然視されており、労働を権利として保障する必要性はない。働けるのに働かない者は、自らの生きる権利を放棄した者と見なしても問題はなかったのである。しかしフランスには当時の主要な生産手段である農地を持たない者が大勢おり、また十分な賃労働にありつけない者も大勢いたのである。そして労働権を保障できないが故に、働く意欲を持ちながら失業状態にある者の「福祉」を権利化する必要があったのである。しかし働く意欲はありながら必要に迫られて物乞いをしている者と、働く意欲を失って物乞いをしている者を見分けることは困難であり、結果として物乞いをしていれば、矯正院に収容され、感化の対象となるのである。だが、委員会自体が認めているように、物乞いが仕事を得られるという条件がなければ、処罰は不正義であり正当化することができず、社会そのものが犯罪を犯すことになるのである。ここに委員会の論理矛盾がある（波多野 二〇〇七b、六三-六四頁、阪上 一九九九、二六〇頁）。

この矛盾の解決に向けて、ブルジョワジーと労働者とでは、それぞれ異なる回答を用意し、自らの正当性を主張していくことになるのである。

ブルジョワジーからの回答——「社会」が解決すべき問題

平等主義を推し進めたジャコバン派が、テルミドールのクーデターで倒されると、自由主義を基盤とするブルジョワジーが権力を持つことになり、委員会が提示した「福祉」への権利という考え方は次のように否定されることになる。

まず〈条件1〉と〈条件2〉の両立が困難であるなら、〈条件1〉を修正し、市民とは財産を持つ者に対象を限定して理解すれば、ロックの前提条件が回復し、齟齬はなくなる。そうすれば〈結論1〉も〈結論2〉も変更されることになる。自らが所有する生産手段を通して労働の権利を有するのは当然であり、「福祉」への権利も認める必要はないのだ。そもそも「福祉」を権利として認めることは、一部の者（貧困者）を利するために、別の者（ブルジョワジー）に犠牲を強いることになり、法の下の平等に反すると考えたのである。ジャコバン派は、友愛概念を持ち出すことによって平等に関わる「福祉」の正当化問題を乗り越えようとしたが、再び、貧困者への「福祉」の問題は、国家の政治的な空間から締め出され、私的な救済の世界に引き戻されたのである（カステル 二〇一二、二四九-五四頁）。

しかし貧困問題は、産業化の進展とともに、それまでとは違う質的な変化をもたらし、「貧困の大衆化」と呼ばれる状態が生み出された。フランスの第一共和政は、ナポレオンが人民投票で世襲の皇帝になったことで、一二年で終了した。その後、ナポレオンが失脚し王政が復古したが、一八三〇年の七月革命により、再びブルジョワジーが影響力を持つ七月王政が誕生し、産業革命が進行した。その結果「貧困の大衆化」が進んだのだ。それまでの貧困は、高齢・障害・疾病などによって働けないこと、あるいは怠惰によって働かないことが主たる問題であり、前者には富者による私的な救済が、後者には労働の強制が解決策であった。しかし「貧困の大衆化」と呼ばれる現象は、失業者ではなく、賃労働に従事している者が陥る貧困である。産業革命の進展は、工場における単純労働の雇用を作り出し、児童や女性を含め低賃金で長時間雇用を課した。さらに雇用そのものが不安定であり、いつ失業するかわからない。このことは単に物質的窮乏を生み出すだけでなく、道徳的退廃を生み出した。飲酒、暴力、売春、非嫡出子や捨子の増加などである。こうした道徳的退廃は、工場労働が、旧来の親方・職人間の人格的紐帯を破壊し、労働者を十分な監視をせずに働かせているために生じると考えられた。このまま産業化が進めば社会そのものが解体する危険性すらあると、ブルジョワジーも認識するようになったのである（カステル 二〇一二、二三二-四九頁、田中拓道 二〇〇六、七三-七六頁）。

ではどのように対処すればよいのだろうか。個々の私的な救済活動では対応できないことは明らかであったし、道徳的な問題を国家が統制することは、統治者の恣意によって運営される危険性がある。統治の過剰は悪なのである（カステル 二〇一二、一五三頁）。そして労働者を野放しにしている工場労働の在り方が問われているのであれば、国家と個人との間に介在する「社会」の問題として解決すべきであると考えられるようになったのである。ここでいう「社会」とは社会契約が想定した「自然権の具体化としての自律的秩序というよりも、むしろ個人に優越し、統治権力にも先立つような独自の集合体」（田中拓道 二〇〇六、一二頁）なのである。つまり「社会」の問題は、理性的な市民が個人の責任において解決すべき問題ではなく、「社会」そのものに問題解決の責任があり、「社会」を構成する市民がその責任を分有しているのである。

では具体的に、どのようにして貧困という「社会」の問題を解決すればよいのだろうか。そもそもフランス革命初期においては、生まれつつあった「社会」の存在は否定された。特権を持った社団・身分を廃止するために国家と国民の間に介在した中間集団を廃止したが、その過程で、封建的な特権集団であるコルポラシオンだけでなく、革命の原動力ともなった民衆による自発的な結社であるアソシアシオンも禁止された。多様で批判的な「公論」は、政体を変革するエネルギーとなるが、一

＊5　ルソーの特殊意思と一般意思の説明については、重田（二〇一三、八三―一〇一頁）を参照。

度革命が終結すれば、革命政府を批判する組織に変革しうるからである。このことによって、政府から独立した「公論」を生み出す場として生成しつつあった「社会」も否定されたのである（高村 二〇〇七、二八-四八頁）。

そして理論的にも、ルソーの主張がそれを正当化した。ルソーは、人々の意思を、自らの利害にもとづく特殊意思と、自らが含まれる分割不可能な社会全体（国家）の立場にもとづく一般意思に分け、人々が一般意思にもとづいて民主的に運営する政体を正統なものと考えた。[*5] よって、それぞれが自らの一般意思にのみもとづいて討議すれば誤ることはないが、政治的結社を許し、特定の政治結社の影響力が強大になると、その結社の特殊な意思のみが実行され、一般意思にもとづくとは言えなくなる。よって国家内に部分社会を許すアソシアシオンは認められないのである（ルソー 一九五四、四六-四八頁、高村 二〇〇七、三二-三三頁）。

その結果、国家とアトム化した個人が残され、国家の統治権力の暴走（ジャコバン派の独裁による恐怖政治）を個々人の力では抑えられなかったことが問題視されたのである。断ち切られた社会的紐帯を結びなおし革命を終わらせること（秩序の構築）が大きな課題となっていた。そして、それを作り出すのが後見関係によるアソシアシオンであると考えられたのである（カステル 二〇一二、二五五頁）。

後見関係は、中世の身分制社会の代表的な社会関係であったが、それをそのまま再建することをめざすわけではない。中世の身分制社会に見られた後見は、支配に従属する見返りとしての庇護であった。市民社会における後見関係とは、市民としての道徳的義務（社会的責任）を自覚して自発的に、下層階級の人を保護するものと考えられた。それゆえ、単なる直接的な支配従属の「関係にもとづく援助」とは異なり、「関係のない他者」への「福祉」と評価しうるのである。この「福祉」はブルジョワジーを中心とする「社会」に下層階級を取り込むものであり、「秩序維持型福祉」である。よって下層階級の成員は、あたかも子どものようにとらえられ、彼らの計画性や思慮を向上させ、労働規律や生活規律を教化し、市民にすることが必要であると考えられた。そしてこの「福祉」は、三つの領域で行われた。貧困者への扶助、貯蓄金庫および自発的な共済組合、企業経営者による企業内「福祉」である。

このように国家の統治の問題でもなく、個々人の宗教的行為でもなく、「社会」の責任として、「福祉」が論じられたことが、第三章で述べる現代の「社会福祉」の起点になったのである。しかしこのブルジョワジーの議論は、「社会」は特定の啓発された市民によって構成し、労働者を市民予備軍として社会の周辺に位置づけ、問題を社会の構成員全員で共有すべき問題としてとらえてはいなかった。

「新しい慈善」としての「福祉」

まず貧困者の扶助においては、これまでの宗教的「福祉」を批判し、「新しい慈善」の組織化が必要であるとされた。「新しい慈善」の特徴は、以下の点にある（カステル 二〇一二、二六八–七一頁、阪

上一九九九、二六〇―七一頁、田中拓道 二〇〇六、一一四―一八頁)。

第一に、貧困者の家庭における観察である。

路上や施設で物乞いに施しをするこれまでの宗教的「福祉」では、道徳的教化は期待できないばかりか、安易な依存を生み出し逆効果である。貧困者の道徳的教化のためには、まずその原因を明らかにしなければならない。そのためには、実際に貧困者の家庭に何度も赴き、過去から現在に至る生活を観察し、生活の全体を理解することが必要である。そのためには、役所の人間が威圧的に行うよりも、地区の篤志家が人間的な交流を持ちながら行う方が警戒されずに観察ができるのである[*6]。

第二に、貧困の原因に応じた扶助である。

丁寧な観察によって、貧困の原因が個別的に診断できれば、それに応じた必要な扶助を行う。その際、真の貧民であっても単に扶助するのではなく、励ましや助言を与え、必要以上に扶助を与えないようにしなければならない。そして道徳的退廃を見せる悪しき貧民の場合は、軽率に扶助してはならず、忠告や助言、父親的な叱責により、自らの未来に目を向けさせるのである。そして特に重視されたのが、家庭の健全化であり、規律化のためのイデオロギー装置としての役割が期待されたのである。

第三に、持続的・組織的な扶助である。

こうした扶助は、宗教的「福祉」のように場当たり的なものではなく、扶助の効果を見極めるためにも、継続的に行わなければならない。そしてこうした継続的な援助関係が、ブルジョワジーと下層階級との関係を、階級対立から道徳的紐帯、そして社会的紐帯に変えると考えられたのである。そして、このような扶助の原則を徹底するためには、慈善の組織化が必要なのである。*7

貯蓄金庫・共済組合

これまでの宗教的「福祉」は、貧困の予防に関心を持たなかったが、貧困に対してもっとも良いのは、救貧ではなく防貧である。そのために貯蓄金庫を設立し、自らの賃金の一部を積立金として拠出することが有用である。労働者は、その日暮らしで、将来への計画性がない。拠出できる金額は少な

*6　当時の代表的な慈善家であり、「新しい慈善」の方法を提示した人に、ジェランドーがいる。ジェランドーは、「未開人の観察方法」を書き、未開人の観察のためには「彼らの一員のような存在」になり、観察しなければならないと説いたが、貧困者の観察においても同じ方法を適用したと阪上（一九九九、二六二頁）は指摘している。

*7　慈善の組織化という点では、一八六九年にイギリスのロンドンで、一八七七年にアメリカのバッファローで慈善組織協会が設立され、民間の慈善活動の組織化がなされた。また一八五三年にはドイツのエルバーフェルドで、公的な救済の組織化がなされた。しかしフランスでは、こうした民間の慈善活動の組織化は、具体化しなかった（林　一九九九、二五五–五八頁）。

く、実際に大きなリスクには不十分かもしれないが、計画性を教えるという点で道徳的な価値を持つのである（カステル 二〇一二、二七一-七三頁）。

さらに共済組合は、すでにイギリスで広まっていた友愛組合のように、自発的に加入する互助組織であり、下層階級に必要な計画性や道徳性を集団化して実現するものである。その一方で共済組合には大きな危惧があった。共済組合が、本来の役割を超えて、労働者の政治的要求あるいは体制破壊のための抵抗組合になることが懸念された。フランス革命初期から中間組織が解体されたが、その政策は七月王政時も継続しており、労働組合は非合法な組織であったのである。そのため、共済組合の設立には事前の承認を必要とし、監視と監督を受けた。また共済組合への加入は、自発的な意思にもとづかねば計画性が身につかないとされ、強制加入は否定された。このように共済組合は、上層階級の指導のもとに、下層階級を道徳化させる装置、上下階層の協調を維持するためのアソシアシオンであるとされたのである（カステル 二〇一二、二七三-七六頁、田中拓道 二〇〇六、一一四-一一七頁）。

企業内「福祉」

後見関係がもっとも効果的と考えられたのは企業内においてであった。

工場労働の問題点は、先に述べたように、旧来の親方・職人間の人格的紐帯を破壊し、多数の労働者を十分な監視をつけずに働かせた結果であると考えられた。労働者の多くが過度の飲酒をすることによる健康被害や勤労意欲減退、また男女が一緒に働く工場では、性的放縦、内縁関係、売春などの道徳的退廃の温床であること、特にそうした道徳的退廃が工場で働く児童に与える影響が懸念された。こうした生活規律の喪失が、聖月曜日の習慣（日曜日に酒を飲みすぎて月曜日も仕事を休むという当時の労働者に一般的な習慣）、無断欠勤、職場への定着率の悪さなど、生産効率の問題を引き起こしていると考えられたのである（カステル 二〇一二、二七九―八〇頁、阪上 一九九九、二七一―七六頁、齊藤佳史 二〇〇九、三―五頁）。

こうした状況を改善するためには、労使間の人間性の回復が必要とされた。本来、雇用関係は自由な契約関係によるものであり、人格的な紐帯ではない。確かに賃金だけを見れば、労働の対価という双務的な契約によるものである。しかし賃金の支払いのほかに、企業経営者が労働者の生活に配慮して福利厚生を行えば、労使間の人間性の回復は可能なのである。住宅の建設、診療所や学校の設置、貯蓄金庫や共済組合への支援、労働不能となった者や労働者の死亡による寡婦や孤児への支援など、経営者が労働者の安全な生活のための後見人になるのである。これらは、実際にアルザスなどの織物産業や、一部の鉱山で実施されたが、「文字通り会社は労働者をゆりかごから取り出し、墓場まで連れて行く」と評され、労働者が企業に全面的に従属する生活状況を作り出した。その結果、労働者は企業内福祉を失わないために、企業が求める規律を内面化していくことになるのである（カステル 二〇一二、二七六―八〇頁）。

後見関係の問題点

これら三つの領域で行われた後見関係の復活という戦略には、大きな問題点があった。子どもへの後見関係は、子どもが成人になることで終了する。しかし上層階級による後見関係は終わることがない。下層階級の労働者は、上層階級からの支援を受けるためには、いつまでも子どもとして従属的地位に留まらなければならないのである。よって、経営者による後見的指導が強い支配力を発揮できたのは、労働者が後見関係に慣れた農村出身者が中心を占めるところであった。都市化や賃労働者化していく労働者に対して、旧来の農村的社会関係を当てはめる試みは、まさに「反動的ユートピア」を実現しようとするものだったのである（カステル 二〇一二、二八二－八六頁）。

労働者が社会主義の影響などにより労働者階級としての自覚と主張を持ち始めると、経営者による企業内「福祉」は、欺瞞性の現れとして認識されるようになる。経営者は労働者が悲惨な境遇においても幸福を感じることを要求し、労働の利益を搾取した金で支援しておきながらその行為に感謝を要求していると解釈されたのである。実際に、労働者側が、経営者の指導を排して企業の共済基金を自主管理しようと決議すると、経営者は反発して認めず、労働者は結果として敵対的なストライキで対抗したのである。

さらに一八四〇年代になると、社会調査により労働者や民衆の生活状況を明らかにする著作がいくつも刊行され、労働者の貧困問題はモラルの問題ではなく、「社会問題」であるとの認識が一般化していった（高村 二〇〇七、一〇八頁）。当時のある労働新聞は、「慈善事業は正真正銘の悪夢であり、労働者の双肩に巨大な重しを乗せるものである」「慈善事業を名乗る親子関係を我々に押し付けてくるのはいったい誰なのか」などと記し、慈善事業を非難するのが一般的な論調になったのである。友愛を語るのはブルジョワジーのみであり、労働者階級はそれを愛とは受け取らずに利害からの行為であると受け取っていたのである（カステル 二〇一二、二八二－八八頁）。

労働者からの回答——自主管理による労働権の保障

労働者側の回答は、先の物乞い根絶委員会が陥った矛盾を解決するために、〈結論1〉を変更し、労働権を保障することであった。労働権の保障は、一七九三年憲法（ジャコバン憲法）第二一条で、「社会は、不幸な市民に労働を供与し」と記され、一度は認められたとも解釈できる。しかしこれは急進派が小土地所有者の創設を図ろうとしたことへの対抗として、仕事の提供を謳ったという側面もあり、あいまいな表現であり、実効性はなく、その後も具体化することはなかった（内野 一九九二、九四－一〇一頁）。

労働権の保障を具体化することが困難なのは、私有財産制と矛盾する側面があるからである。労働権の保障を主張した社会主義者としてフーリエがいる。フーリエは、単に生きることを可能にする仕事の提供を求めるのではなく、魅力的な仕事をする権利、労働の収益を求める権利、労働手段を求める権利を求めた。しかしこれらの権利は、現社会体制では困難なので、小規模な共同体からなる未来社会で実現すべきものと考えたのである。フーリエの主張が、現社会体制で困難な理由は明らかである。労働権が、その内容として労働の収益や生産手段を求めるとすれば、私有財産制の根幹に抵触するからである（内野 一九九二、一〇七－一七頁）。

この労働権への主張がもっとも高まったのが、一八四八年の二月革命の時である。一八三〇年の七月王政によってブルジョワジーの支配が進んだ。労働者側は、国政への参加を求めて制限選挙への抗議活動を行ったが、それへの弾圧を契機として、二月革命が起き、再び共和制（第二共和政）となった。臨時政府には、ブルジョワジーの代表のほかに、労働者の代表も参加し、臨時政府が成立した翌日には、労働者の一代表によって「労働の組織、労働権の保障」が政府に要求されたのである。

この「労働の組織」とは、臨時政府にも参加したルイ・ブランが一八四〇年に提唱したもので、協同社会原理にもとづき、各人の能力を自由に開花させるためのアソシアシオンである「社会的作業場」からなるものである。この頃は、ルイ・ブランの構想以外にもさまざまな労働者による自主管理生産協同組合が提唱されていた。これらは、ブルジョワジーが主張した「父と子」といった上下階層の友愛を実現するアソシアシオンではなく、「兄と弟」といった労働者間の水平的な友愛にもとづくアソシアシオンを具体化したものである（高村 二〇〇七、一二一－一三〇頁、田中拓道 二〇〇六、一五四－

六〇頁）。

しかし「労働の組織」による労働権の保障は、実現できなかった。政府は、ルイ・ブランの構想を実現する組織として「国立作業所」を設置したが、労働者による生産の自主管理といった構想とは乖離したものであり、単に失業者を土木事業につかせるという従来型の作業所であった。また、ほとんどの産業分野で失業率が五〇％を超える状況では、失業者がパリに殺到し、失業者の不満による治安の悪化が懸念された。実際に、初めて実施された普通選挙で、国民の多数を占めた農民の支持によって王党派や穏健共和派が勝利したことに失望した労働者は、議会を解散し新たな臨時政府を求めて暴動を起こした。政府は、労働者を弾圧し、「国立作業所」を閉鎖し、地方土木事業や軍隊への強制編入を布告した。閉鎖に抗議したパリの労働者は六月暴動を起こしたが鎮圧された（カステル二〇一二、一九六－九七頁、菊谷二〇一一、二八－三一頁）。政府は、その後、自主的な生産共同組合のアソシアシオンへの助成を開始したが、ブルジョワジーの抵抗などにより、ブルジョワジーが影響力を持つ協同組合も助成対象になり、実質的には経営不振な企業への助成となって、失敗に終わった（高村二〇〇七、一五四－五八頁）。

さらに政治的にも、王党派や穏健共和派が多数を占めた議会で承認された第二共和政憲法では、その前文で「フランス共和国は、自由・平等および友愛を原理とする」と述べられ、友愛が自由と平等に並ぶ原理として位置づけられたが、労働権規程の創設はなされなかった。単に前文で「共和国は、友愛的援助により貧困な市民に対し、その資源の限界の中で労働を獲得させることにより、または、労働し得ない人々が家族がない時にこれに援助を与えることにより、これらの者の生存を確保しなければならない」と抽象的に触れられるに留まった（カステル 二〇一二、二九六‐九七頁、内野 一九九二、一二二‐一二四頁、田中拓道 二〇〇六、一五九‐六一頁）。歴史的には、これ以降は、議会で労働権を求める運動は停滞し、暴力革命による社会主義への移行が模索されることになったのである*8（カステル 二〇一二、三〇〇頁）。

社会主義体制にはさまざまなバリエーションがあるが、基本的には、生産手段（土地や工場など）の私有を否定し、共有化を図ることで、労働権を保障しようとするものであった。この労働者側の生産手段の共有化という提案は、古代ギリシャにおけるスパルタやアテネにおける農地の配り直しの現代版と言えよう。よってこの提案はかつてのギリシャがそうであったように、生産手段を共有化するに留まらず、貨幣経済（市場）を適切にコントロールしなければ新たな競争や格差が発生し、問題は解決できないのである。

もう一つの回答——超越者を媒介とする友愛

第二共和政は、一八五一年に大統領であったルイ＝ナポレオンがクーデターを起こし、人民投票を経て皇帝（第二帝政）になったが、短命に終わった。この第二帝政は、単なる帝政の復古をめざしたわけではなく、共和制の思想を基盤に自らの権威を強固にした。まずルイ＝ナポレオンは、一人の「偉大な人物」が、あらゆる分裂や党派を超越する立場に身を置いて統合の象徴となることで、人民が平等で単一の家族となり友愛の絆が実現すると主張した。そしてこの皇帝の権威は、民主的な普通選挙によって信任されていることから生じているのである（田中拓道 二〇〇六、一六六-一六八頁）。

革命初期の友愛が「ナシオン」といった観念的なものを媒介とするつながりであったとすれば、第二帝政で主張された友愛は実体のある超越者（皇帝）に帰属することによってもたらされるつながりである。前者は、祖国の敵と戦う仲間としての同質性を求めるのに対して、後者は、普遍宗教が身分制という差異を残したまま神への帰依によって普遍的なつながりを回復したように、ブルジョワジー

＊8　労働権は、その後、ドイツのワイマール憲法（一九一九年制定）第一六三条第二項で「各々のドイツ人に対し、経済的労働を通じてその生計を立てる可能性が与えられるものとする。適当な労働の機会が与えられない限り、その生計のために配慮がなされる。詳細は、国の特別の法律で定める」ことが規定され（内野一九九二、二〇九頁）、日本国憲法でも第二七条で「すべて国民は、勤労の権利を有し、義務を負ふ」と規定されている。しかしこれらは、個々人が国家に対して具体的な労働機会を要求できる権利ではなく、一般的な雇用機会の創出に関する国の政治的義務を定めたものと解釈されている。

や労働者という階級の違いを残したままつながりを作り出すのである。ブルジョワジーが提唱した上層階級から下層階級への後見的な友愛は、皇帝という超越的権威を媒介とすることによって平等性を回復すると考えられた。

第二帝政においては、皇帝の権威が大衆の支持によって生み出されるため、大衆の貧困問題に対する「福祉」は、重要な政策課題であった。皇帝となったナポレオン三世は、経済的発展と権威的な社会政策を組み合わせて貧困問題に対処しようとした。具体的には地域単位の相互扶助組合を作り出し、皇帝が任命した組合会長（行政長かカソリック司祭）が主導し、ブルジョワジーが名誉会員として多額の拠出を行い、労働者層にパターナリスティックな支援をすることで階級の融和を図ろうとしたのである（高村 二〇〇七、一四八-五七頁）。

しかし皇帝という超越者を媒介としても、後見関係の本質的な問題点が解決するわけではない。そもそも普遍宗教が平等なつながりを回復できたのは、世俗と聖的な世界に分けたからであった。世俗での身分制という不平等を残したまま、聖なる世界での平等を実現したのである。世俗の世界で超越する皇帝は、世俗の世界での平等を求める労働者と対立することになり、後見的な関係による貧困問題の解決は行き詰まることになるのである。

ナポレオン三世は度重なる外征を行い、最終的に普仏戦争で敗れ、捕虜となると、帝政は終了し第三共和政が誕生する。そして、再びフランス革命初期から続いた扶助の位置づけをめぐる議論が再燃するのである。

小括

市民社会を理論的に正当化したロックの社会契約説では、「福祉」は公的領域に位置づけられない問題であった。広大なフロンティアを有するアメリカ建国時であれば、誰でも生産手段である土地にアクセスでき、救済に頼らずに生活することが可能であり、救済は例外的な問題であった。しかしフランス革命時においては、フロンティアはなく、失業や低賃金で生活基盤が脆弱な大衆が不満を抱えており、「福祉」の実現が放置できない社会問題だったのである。

そこで、自由と平等を基盤とする市民社会において、「福祉」をどのように位置づけるのかが大きな課題となった。フランス革命初期においては、大衆を革命勢力に取り込む必要性もあり、友愛にもとづき「福祉」を受ける権利を保障すべきであるという主張がなされた。その論理は、「市民は生きる権利を有する」〈条件1〉という社会契約説のプロパティを前提とし、本来労働によって生きる権利を実行することが望ましいが、「国家は労働権を保障できない」〈結論1〉ので、「生きる権利」を保障するために「国家は『福祉』の権利を保障する」〈結論2〉というものであった。しかし社会契約説の功利的な解釈から「市民は互いに有用でなければならない」〈条件2〉が加わることで、有用でないと思われる者の生きる権利を保障すべきかという対象の普遍性が問題となったのである。

この問題に対して、ブルジョワジー側は、国家による救済でもなく、個々の救済活動でもなく、「社会」の問題としてとらえ解決しようとした。「社会」の問題としたことは、現代の「社会福祉」につながる点で画期となる発想であるが、その社会の市民はブルジョワジーだけによって構成され、労働者を市民予備軍として周辺化し、問題を労働者を含む社会全体の問題としてとらえることができなかった。そしてブルジョワジーが父親としての役割を担い、子どもである労働者を指導するパターナリスティックな後見関係を作り出すことで、労働者を社会的に管理しようとした。

これに対して労働者側は、〈結論1〉を変更し、労働権の保障を求めた。具体的には労働者による自主的な生産管理組織が構想され、一八四八年の二月革命時においては、それを実現するための動きがあったが、結果としては実現できず、その後は、資本主義を否定し社会主義社会を実現することが模索されることになる。

このブルジョワジーと労働者の対立は、普通選挙で農村住民の支持を受けたブルジョワジーの勝利で、いったんは収束する。さらに第二帝政期は、民主的な選挙で信任された皇帝を媒介とする友愛によって、階級の違いを温存しながら平等なつながりを回復しようとしたが、労働者の反発により頓挫することになるのである。

この対立を乗り越える第三の道は、第二帝政が倒れ再び共和制に移行した第三共和政で議論されることになるのである。

3 社会連帯論による「秩序再構築型福祉」の展開

友愛への批判

第二帝政の出現は、共和主義者に深刻な「知的な危機」を生み出した。なぜなら、友愛による国民の統合、普通選挙制など、共和制の基本的な論理が、そのまま帝政の正当化のために利用されたからである。よって第二帝政から第三共和政にかけて、より原理的な次元において、共和制をどのように正当化するのかが問い直されることになったのである（田中拓道 二〇〇六、一六九頁）。

まず批判されたのは友愛概念の超越性である。フランス革命初期において、友愛を「ナシオン」に結びつけて理解し、革命という歴史的偉業を行った国家に超越的な価値を与え、そこに所属する者同士であるということで紐帯を作り出そうとしたのである。しかし超越的・外的な価値に帰属することによって作り出される紐帯は、帰属感といった感情にもとづくものであり、どこまでの行為が友愛によって正当化されるかは不明確である。キリスト教の「福祉」が、神の無償の愛に応える行為として理念的には限界を持たないのと同じなのである。よって、私的な援助を規定することは可能であっても、公的な領域での「福祉」の根拠（たとえば法的根拠）とするにはふさわしくないのである（田中拓道 二〇〇六、一七〇-七一頁）。

さらに、友愛をこのように超越的にとらえることは、社会を人間が操作できない超越的な価値によって基礎づけることになり、人間の理性にもとづく自発的意思による社会構築という社会契約説の根幹と矛盾することになる。実際に、第二帝政においては、実際の不平等を覆い隠すイデオロギーとして利用されたのである。超越的で宗教的な言葉ではなく、可感的な世俗の言葉で社会をとらえることが、共和主義者の課題になったのである（菊谷 二〇一一、七二-七三頁）。言い換えれば、神であれ友愛といった理念であれ、人間が操作不可能な超越的な概念を持ち出して秩序を形成することを禁じ手にし、人間が話し合いで内容を変更することが可能な規範によって秩序を作らなければならないとされたのである。

また友愛概念の排他的同一性も問題となった。友愛概念については、前節で述べたようにいくつかの系譜があるが、フランス革命初期においては、革命の敵に対する強い同胞意識を表す概念として使用されており、異質な個人を排除するロジックとして利用された。しかし元々のキリスト教の信徒団などで使われていた友愛は、神を媒介として異なる民族や身分の人が相互的な関係を結ぶ原理でもあった。このように友愛は、集団の外部を敵として意識した場合には排他的になり、内部に対して同一化を求める原理になる。しかしそれが強く意識されない時には、差異を乗り越えたつながりを求める原理ともなるのである。友愛のこの二面性のうち、外部を設定することや排除を伴わないで、多様性を尊重する関係を設定できるのかが問題となったのである（重田 二〇一〇、六一-一二頁）。そしてそれに対する一つの回答が社会連帯論なのである。

自然連帯と社会連帯

社会連帯を主張した代表的な人物として、レオン・ブルジョワがいる。ブルジョワが、いかなる社会構成原理を提起したのか見てみよう（ブルジョワ 一九二六、廣澤 二〇〇五、六三－六七頁、廣田 二〇〇九、四一－七九頁、重田 二〇一〇、四三－六七頁、田中拓道 二〇〇六、一九八－二一一頁）。

まず当時、最新科学であった生物学の知見を援用する。生物学の知見を社会に当てはめたものとしては、ダーウィンの進化論を社会に適用した社会進化論があるが、ブルジョワはこれを否定する。社会進化論は、生物界における生存競争と淘汰の原理を人間社会に当てはめ、自由競争こそが進化に必要であると考えるが、新しい生物学の知見が示すものは、生存競争ではなく連帯である。有機体においては、相互依存による連帯こそが生存のために必要なのである。人間社会においても、人間は社会の中に生まれ、一見「関係のない他者」と見えても相互依存関係を有しており、その関係から抜け出し、社会の外部に出ることはできないのである。

このように考えれば、社会契約説が前提とした自然状態は存在しないことになる。社会は契約によって作り出されるのではなく、先験的に存在しているのである。しかしこのように有機体的社会観に立つと、社会という環境が人間の存在を規定するという「決定論」的な考え方になり、社会進化論と変わりがなくなる。しかし人間は、他の有機体にない特徴を有している。それは人間が理性的で自由な意思を有するという点である。先験的に存在する社会を単に受け入れるだけでなく、正義に適うように社会を改良することができるのである。

ブルジョワは、人間社会が社会的分業などによって相互依存関係を有しているという現象を「自然連帯」と呼び、それだけでは正義は存在しないとする。人間の意思にもとづく契約によって「社会連帯」を実現することが社会の目的なのである。しかしすでに社会は存在するとすれば、いかなる契約を結ぶのであろうか。それは通常の契約とは異なる準契約という概念を持ち出すことによって説明される。たとえば隣接地の所有者同士が負っている義務は、当事者同士の契約によって生まれたものではないが、隣接しているという共同性によって生み出される義務である。この義務の内容は、合意するであろうことが推認され、その合意が遡及的効果を持つのである。こうした権利や義務に関する遡及的な合意を準契約と呼ぶのである。そして隣接する土地所有者と同じように、社会における「自然連帯」という相互依存関係にある市民は、準契約により「社会連帯」としての相互承認をする義務を負うが、その内容は相互に遡及的に合意できる内容――正義に適う内容でなければならないのである。

このように社会のすべての構成員を前提に（対象の普遍化）、その社会全員に関わる問題（社会問題）として社会連帯のあり方を問うたのである。

社会的債務による秩序の再構築

ではいかなる内容であれば相互に合意できるのであろうか。

まず自然連帯の問題点としては、二つの不平等がある。一つは、人間の知的身体的能力や寿命の違いにもとづく自然的な不平等であるが、これによる不平等は正義の問題の範囲外である。しかしもう一つの社会が作り出した不平等が、まさに正義の問題なのである。具体的には一方で先祖の財産を受け継ぎ、十分な教育を受け、豊かな暮らしをする者と、他方で所有するものは自らの労働力だけであり、十分な教育も受けずに不安定で貧しい暮らしをする者との格差が問題なのである。この不正義な秩序を脱構築する概念が社会的債務である。

個々の生活は、過去の世代の遺産（知恵や技術など）や他者との分業の恩恵によって成り立っている。つまり本人の努力によるもの以上の恩恵を社会的資本から受けているのであり、社会の中に生まれるということは、社会的債務者になるということである。この社会的債務は、過去の世代からの遺産は未来の世代に対して、現世代からの債務はその債権者に返済することが必要である。しかし、個々が受けた利得と他の人々の貢献を計算して社会的債務を確定することは不可能である。そこで、個別に支払いをするのではなく、それぞれの社会的債務の総和に応じた分担額を社会に拠出することで、債務と相殺するのである。具体的には、先祖からの遺産を受け継いだ者には相続税を、不動産を所有する者には財産税を、所得が多い者ほど多くの負担をしてもらうために累進課税を適用するのである。

そしてこれらの費用は、国防や治安といった共通利益のために支出されるだけでなく、人間の自由な活動こそが社会の発展の基盤である以上、以下のような政策にも支出されることになる。過去からの知的・道徳的遺産を等しく共有し、社会正義や準契約の意義を理解するために、高等教育を含めた教育の無償化、労働時間の短縮（余暇や学習時間の確保）、児童労働の制限などである。また、人々が最低限の生活を送れるように、最低賃金や公的扶助も必要である。

その結果、過去や現在からの利得を受けている者は社会に対して応分の支払いをし、利得を十分に受けていない者は、社会からの支払いを受けることによって、準契約を行う人々の地位が平等になり秩序が再構築され、合意が可能になるのである。

ブルジョワは、社会的債務の意味づけを転換することで人々の連帯の基礎とした。革命初期のジャコバン憲法では、公的扶助を国家の神聖な負債と位置づけたように、社会的債務とは国家が個人に負う債務であり、個人の扶助の権利を正当化する概念であった。しかしブルジョワは、社会的債務を個人が社会に対して負う義務に意味を逆転させた（廣田 二〇〇九、六二－六三頁）。人々は自らの社会的債務を、社会を媒介として返済することで社会の秩序に組み込まれ連帯するのである。[*9]

このことは、社会的債務の不平等性を議論の出発点とすることで、公的領域での「福祉」を議論することを可能にしたとも言える。ロックの社会契約説では、自然状態にある人間は、平等な独立した主体であった。このように平等な個を前提とすれば、個々の差異を公的な問題とはできなくなる。しかし社会連帯論では、不平等な個を前提とすることによって、その格差を是正するための「秩序再構築型福祉」が公的な問題となり、平等に関わる「福祉」の正当化問題を解決したのである。

リスクによる責任論の転換

相互化するのは過去や現在からの利得だけではない。社会生活から生じるリスクも相互化する必要がある。

リスクという概念は、当時の細菌学と公衆衛生の発展によって着目されるようになった。特にパストゥールによって、伝染病の拡散が細菌を媒介にして起きることが明らかにされると、人々は共通に伝染病のリスクにさらされていることが認識されるようになった。こうしたリスクに対しては、個人

＊9　このように社会的債務と債権を相互化するという考え方は、社会連帯論だけのものではない。福祉国家を基礎づける一つの理論であるT・H・マーシャルの市民権理論において、社会権的要素は以下のように定義づけられている。「最低限の経済的福祉と保障への権利から、社会的遺産を完全に分有し、その社会に支配的な基準に従って文明的生活を送る権利までの全領域である」（Marshall 1963＝1998: 84）。社会的遺産を完全に分有することが一つの要素なのである。

的な対処は意味をなさない。その場に共存する人すべてが、集団として対処しなければ解決できないのである（廣澤 二〇〇五、五六－五七頁、田中拓道 二〇〇六、一七九－八〇頁）。

そして、さらに集団が抱えるリスクという発想は、近代市民社会の基盤である自己責任論に修正をもたらすことを可能にした。近代市民社会の基本原則の一つは、私的自治の原則であり、そこから導かれる過失責任の原則である。自らの自由な意思にもとづいてなした行為の責任は、自らが責任を負わなければならない。よって工場で事故が起きた場合は、自らの過失であれば、自己責任となり、他者（経営者）の過失であれば、不当行為として損害賠償を請求することになる。しかし誰の責任なのか、複数関係する場合はその責任の割合を立証することは困難であり、訴訟コストも負担しなければならない。一方で、リスクという視点で見てみると、工場で起きる事故は、規則的に発生する集合的事象と見なすことができる。工場には、大型の動力機械など労働者を事故に巻き込む危険性の高い装置が使われており、労働者が注意していたとしても事故は一定の確率で避けることができない、偶有性の問題と認識されるようになる。とすれば、労働者の過失の如何を問わずに、事故による損害の補償を受けることが正当であると考えられるようになったのである。実際に一九世紀末に、フランスでは労働者の過失を問わない、労働災害補償法が制定されたのである（田中拓道 二〇〇四、五七－五八頁、田中拓道 二〇〇六、一七九－八〇頁）。

このように個人責任に置き換わるリスクの特徴とは何であろうか。第一にリスクが計算可能であること。リスクの発生確率が確定できなければ保険料の算出ができない。よって社会調査による統計的なデータの整備が不可欠となる。第二にリスクは集合的であること。事故は結果として特定の個人に損害をもたらすが、事故に遭うリスクは全員が共有していなければならない。第三にリスクは資本である。リスクでとらえられるのは実際の損害の回復ではなく、金銭に置き換えられた損害である。損害は定型化され、それぞれ金銭に換算されるのである（北垣 一九九五、七九－八一頁、廣澤 二〇〇五、六八－六九頁）。

このようにリスクは、労働災害に留まらない。病気、障害、高齢、失業などにより働けなくなることなど、労働者の生活全般に関わることをリスクとしてとらえることが可能なのである。

リスクの相互化――社会保険

そしてリスクを相互化する手段が社会保険という「福祉」である。社会保険を導入することには、さまざまな利点がある。

第一に、社会保険は新たな社会的紐帯を作り出した。保険において義務が生じるのは拠出金だけである。後見関係のような人格的支配を受けることもなく、国家、アソシアシオン、共同体への忠誠なども必要とせず「関係のない他者」同士を結びつけた。人々は個人として自由でありながら、全体からの利益を享受することが可能になるのである（北垣 一九九五、八〇頁）。このリスクを相互化するすべての人に利益を与えることは、市民が社会連帯を支持する強い動機となった。またこの自由であるという意味には、人格的支配からの自由のほかにも、移動の自由が含まれ、市場原理の観点からも好ましい。これまで必要な時に援助を受けるためには、空間（家族、工場、地域など）に定着することが必要であった。しかし保険に加入していれば、特定の空間に定着する必要はない。空間を移動しても保障は継続するのである。このことは労働市場の一層の自由化を可能にしたのである（カステル二〇一二、三五四頁）。

さらに社会保険は、社会契約と同様に国民間の連帯を生み出すことが可能になる。社会保険においては、私保険と異なり、個々の拠出と給付の対応関係が切断され、全体で相互化される。拠出金は、所得比例拠出、事業者負担、税金などが投入される。その一方で給付は、拠出金に比例して支出されるとは限らない（労災や健康保険など）。つまりリスクに備える財源を相互化することで、実質的に所得再分配機能を持たせることができ、国民間の連帯を生み出すことが可能になるのである（廣澤二〇〇五、七〇-七一頁）。

第二に、社会保険は、労働者の市民としての社会的地位を確立した。古代ギリシャにおいても、フランス革命の初期においても、市民としての地位と生活の安定を保障するものは、土地などの財産の所有であった。よって財産を持たない労働者はあくまで二級市民としての扱いを受け、生活も不安定であった。しかし社会保険の登場は、財産を所有していなくても労働者でありさえすれば、社会保険によって生活の安定が得られるようになった。つまりこれまで財産の所有／非所有によってもたらされていた対立は、社会保険の登場により、私的所有とは異なる所有の形態、社会的所有を生み出し、これによって両者の対立を止揚したのである。その結果、市民としての地位の根拠は、財産の私的所有ではなく、社会保険による社会的所有を分有すること、つまり賃金労働者になることになっていったのである（カステル 二〇一二、三二九－三四頁）。

第三に、社会保険による給付は、労働と扶助との関係に新たな回答をもたらした。先に述べた物乞い根絶委員会の矛盾は、権利としての〈条件1〉「市民は生きる権利を有する」に、義務である〈条件2〉「市民は互いに有用でなければならない」が加わることで、救済を必要としている真の貧民と矯正が必要な悪しき貧民との区別が必要となるが、それが現実には困難なことに発していた。しかしロックのいう自然状態における任意の社会契約という想定そのものが破棄されることにより、〈条件2〉も破棄される。新たに提示された〈新条件2〉は、「市民は互いに社会的債務と社会生活上のリスクを相互化しなければならない」である。すべての市民を対象にする以上、救済対象の選別は必要ない。個人の義務は、保険料の拠出責任に限定されるのである。

その結果、〈結論〉も一部修正することになる。〈結論1〉「国家は労働権を保障できない」については、労働権を失業者への具体的な仕事の提供という意味に解すれば変更はない。自由労働市場を前提とすることに変わりはないのである。しかし社会保険に加入する賃金労働者であることが一つの社会的地位となった以上、市民の労働へのアクセスを保障することが国家にとって重要な課題となる。具体的には完全雇用政策をどのように実現できるのかである。

そして〈結論2〉「国家は『福祉』への権利を保障する」については、社会保険が実施されれば、真の意味で「福祉」の権利化を実現できる。これまでの「福祉」の権利は、権利と称しながら真の貧民と悪しき貧民を区別する必要性から、条件付き給付とせざるを得ず、実質的には権利性が低かった。しかし社会保険の給付は、損害に対して画一的に給付されるのであり、保険者に裁量の余地は少なく権利性が高いのである。そしてこのことは、「福祉」への依存を問題視する自由に関わる「福祉」の正当化問題を解決することでもある。本人の個人責任からリスクの問題になることで、自己責任の有無とは関わりなく社会保険という「福祉」の給付がなされるからである。

社会連帯論の特徴

このような社会連帯論は、友愛の問題点をどのように乗り越えたのだろうか。

友愛概念の問題点の一つ目は、その超越性であった。社会連帯は、社会の外部にある超越的な価値によって根拠づけられるものではない。準契約という市民の合意にもとづくものであり、社会に内在する不正義を社会的債務という概念で言語化し、公的領域で援助を語ることを可能にした。また連帯の主要な方法である社会保険は、リスクという科学的に算出可能なものにもとづいており、友愛と異なり、法的な権利と義務の関係が明確である。

ただし「福祉」の根拠として考えた場合、普遍宗教が獲得した対象の普遍性という点では、社会連帯論の限界がある。ロックの社会契約説を前提とすると、〈条件2〉「市民は互いに有用でなければならない」が前提となり、「悪しき貧民」の排除という問題が発生した。しかし社会連帯論は、社会にすでに存在する多様な個による自然連帯を前提としており、すべてのメンバーが救済の対象となり得る。しかしその社会の外部の「関係のない他者」（別の社会のメンバーなど）にまで救済の対象を広げることは理論的にできない。そこに対象の普遍性という点で限界がある。

友愛の問題点の二つ目は、その排他的同一性であった。社会連帯は、まず多様な個が相互依存している「自然連帯」を前提にしている。そしてその多様な個は、同じ社会に存在することによって受ける利得（社会的債務）とリスクを共有する義務を負うことによって結ばれており、個としての同一性を求めないのである。

このように友愛概念の問題点を乗り越えた社会連帯は、共和国の新たな理念となった。ブルジョワは共和国の理念を、自由・平等・友愛から連帯・平等・自由とすべきであると提唱している。社会的債務を返済しなければ市民は自由になれない。よって自由ではなくまず連帯が第一に来るべきであり、連帯によって正義が実現され、人間の社会的価値の平等をもたらす。その結果として自由を享受できるのであるとする（廣田 二〇〇九、五八–五九頁）。

また社会連帯論は、自由主義が主張する自由の尊重を認めつつ、市場と社会的分業の下では、社会的不平等が不可避であり社会正義の観点からの介入が不可避であることを主張した。また社会主義に対しては、介入による社会正義の実現の必要性を認めつつ、無制限の国家介入や市民社会を超越する権威主義国家となることを拒否したのである。よって、単なる自由主義と社会主義の折衷ではなく、独自の「第三の道」を示したと評価されたのである（廣田 二〇〇九、六五–六六頁）。

ただし社会連帯論、特にそれを示す社会保険制度がフランスにおいて実施されるまでには時間がかかった。強制加入を認めるべきか。社会保険を単一の組織に担わせるのか。それぞれが個人の自由や結社の自由を脅かす問題として懸念されたのである。フランスの場合、これまで見てきたように、「社会」は一度国家によって破壊され、市民によって再建されたと認識された。よって国家が絶大な権力を握ることへの怖れがあるのである。そのためフランスにおいては、国家が運営する全国民を対象とする単一の社会保険制度は成立せず、国家が一定関与するものの、財源においても制度運営においても「当事者主義」を原則とした職種ごとの社会保険制度が確立していった（東京大学社会科学研究所編 一九八五、一一三–六八頁、廣澤 二〇〇五、七七–一七五頁）。

小　括

ブルジョワジーと労働者の対立を乗り越え、両者を結びつける理論が社会連帯論である。

フランス第三共和政で構想された社会連帯論とは、社会契約説が前提とした自然状態を否定し、社会は先験的に存在し、かつ人間はその社会を正義に適うように改良することができるとした。人間社会が社会的分業によって単に相互依存している「自然連帯」を、社会に参加している市民が合意できる内容に契約しなおすことによって、正義に適う「社会連帯」を実現することが必要なのである。そして社会的債務という概念を用いることで既存のブルジョワジーと労働者を隔てていた格差を脱構築し、「秩序再構築型福祉」を正当化したのである。また不平等な「自然連帯」を前提とすることで、平等に関わる「福祉」の正当化問題を解決し、リスクの共有を前提とした社会保険によって、自由に関わる「福祉」の正当化問題に一定の解決をもたらした。

社会連帯論は、「福祉」を社会の問題として公的領域で語ることを可能にし、ブルジョワジーと労働者の対立を乗り越え、両者が合意可能な論理と方法（「秩序再構築型福祉」）を提示することで、共和国の新たな秩序を提示したのである。

このように社会保険を中心とした「秩序再構築型福祉」を行う国家（福祉国家）が実現すれば、正義に適う社会連帯は実現できるのであろうか。実は、こうした社会保険などによる「秩序再構築型福祉」では解決できない問題に対応するために、もう一つの「福祉」の系譜が形成されていった。それが、「新しい慈善」の系譜を引き継いだ現代の「社会福祉」である。次章で、「社会福祉」の位置づけについて検討しよう。

第3章

現代社会の「福祉」と「新しい社会福祉」による転換

1 もう一つの「福祉」の系譜――「社会福祉」の誕生

「新しい慈善」の系譜を引き継いだ「社会福祉」

社会連帯論は、ブルジョワジーと労働者の対立を乗り越え、両者が平等な市民として相互に承認し連帯できる根拠を示した。もちろん、社会連帯論が提示されたことで、ブルジョワジーと労働者の対立が現実になくなったわけではないが、社会連帯論にもとづいて結びつくことが両者にとって利益になる可能性を示した点は画期的であった。

この社会連帯論は、公的な領域における普遍的な平等を基盤とした論理である。社会的債務を累進課税などで返済することで人は平等な地位となり、社会的利得を平等に享受できるように教育や余暇(労働時間の短縮)が保障される。そして平等に抱えているリスクを社会保険で相互化することで人々の暮らしが安定する。こうした社会連帯論は、現代の福祉国家の理論的基盤となったのであり、ロックの社会契約説では公的領域に位置づけられなかった「福祉」を正当化することに成功したのであった。

しかし、こうした平等というロジックを使うことでは正当化が困難な「福祉」の領域が残されていた。前章で述べたブルジョワジーによって行われた「新しい慈善」である。後見関係にもとづくこの

「新しい慈善」は、労働者を市民予備軍と位置づけたパターナリスティックな援助関係を前提にしており、平等を前提とするものではない。よって労働者の従属的な地位を固定化するものとして、労働者から「慈善事業は正真正銘の悪夢」とまで酷評されたのであった。しかしこうした「新しい慈善」は、社会連帯論にもとづいた普遍的な「福祉」によって多くの労働者の生活が安定してもなくなりはしなかった。むしろ「社会福祉」として専門職化し、社会連帯論が新しく作り出した秩序を維持するための「秩序維持型福祉」として社会に組み込まれていった。実際に、二〇世紀になると多くの国で、社会保険制度などの普遍的な「福祉」（一般的に社会政策または社会サービスと呼ばれる）の整備と並行して、「新しい慈善」活動を母体とするソーシャルワーカーという「社会福祉」の専門職養成がなされるようになり、「社会福祉」制度が整備された。つまり福祉国家においては、社会連帯論による社会サービスなどの「秩序再構築型福祉」だけでなく、「新しい慈善」の系譜を受け継ぐ「社会福祉」という「秩序維持型福祉」が共存したのである。

このもう一つの「福祉」の系譜である「社会福祉」とはいかなる役割を担い、いかなるロジックで社会的に正当化されたのであろうか。このことを考えるうえで、まず初期の「社会福祉」が、世界的にどのように認識されていたのか確認してみよう。

国連の国際調査に見るソーシャルワークの一般的特徴

それを知るうえで手掛かりになるのが、一九五〇年に公表された国連による「ソーシャルワーカー養成のための国際調査」である[*1]（United Nations 1950＝1970）。この調査は、「社会福祉」分野の人材養成が急務であるとの認識から、「社会福祉」の専門職であるソーシャルワーカー養成の長期計画のために国連が行ったものである。この調査の目的の一つとして、三三カ国におけるソーシャルワークの概念を分析することが挙げられている。この調査では、ソーシャルワークのあるべき概念を抽出するのではなく、各国のソーシャルワークの実情を反映した定義を調査したものであり（谷川一九五〇、三二頁）、ソーシャルワークそしてそれに関連する制度を含めた「社会福祉」がどのように理解され、位置づけられていたのかを明らかにしている。

報告書では、まず予備的考察として、「社会福祉」に関連する用語と定義の不明瞭さについて言及している。「社会福祉」、ソーシャルワーク、社会サービスなどの用語の違いが不明瞭であり、確たる定義がないことを指摘している。その理由として、「社会福祉」の領域が、各国の社会的・経済的・政治的・文化的傾向に影響される動的な活動であることを指摘している。ただし、「社会福祉」を社会政策（social policy）と同義語とすることは、ソーシャルワーカー養成という観点からは広すぎる。広範な社会的活動のうち、医療、教育、看護など関連分野でのよく似た活動、または重複する活動と明確に区別されなければならないと指摘している（United Nations 1950＝1970：7－8）。

三三カ国から提出されたソーシャルワークの定義は、それぞれソーシャルワークの発展段階の違いから、①個人の慈善事業、②経済的依存に関連する問題の解決をめざす公私の組織的活動、③専門職業的サービスなどの違いが見られ、国際的な定義は示せない。しかし、ソーシャルワークが組織的活動として承認されている国々で、共通するソーシャルワークの一般的特徴は以下の三点である。

(1) それは援助活動（helping activity）である。それは個人、家族、集団が社会的・経済的福祉の最低基準に到達することを妨げている諸問題について援助（assistance）を与えることを目的とする。

(2) それは社会的活動（social activity）である。それは私人の個人的利益のために行われるものではなくて、援助を必要とすると認められた地域社会の成員の利益のために設けられた公私の組織体によって行われる。

(3) それは連絡活動（liaison activity）である。不幸な個人、家族および集団は、この活動を通して

＊1　訳書では、Social Work, Social Welfare, Social Service, Social Well-being を、福祉あるいは社会福祉と訳しているが、引用の際、筆者が Social Welfare だけを「社会福祉」と訳し、それ以外はカタカナで記した。また一部を改訳した。

地域社会のあらゆる資源に結びつけられ、満たされない要求を充足することができるのである（United Nations 1950＝1970: 16－17）。

この三つの特徴は、次のように整理することができる。第一にソーシャルワークの対象は、他者からの援助なしには社会的・経済的福祉の最低基準に到達できない個人、家族、集団であること、第二にソーシャルワークの主体は、地域社会の成員の利益のために活動する国や民間団体による社会的組織であること、第三にソーシャルワークの方法は、被援助者を地域社会のあらゆる資源につなげることでニーズを充足すること、と言えよう。

ソーシャルワークと社会政策との違い

さらに報告書では、ソーシャルワークと社会政策（保健医療や教育などの社会サービス）との違いを三点指摘している。

第一に、被援助者となる個人、家族、集団の問題を、社会的・経済的・心理的な側面との関わりで包括的にとらえることである。医師や教師も、仕事を進めるうえで対象者の社会的・経済的条件などを考慮するが、それは二次的なことである。しかしソーシャルワーカーは、個人の社会適応問題を解決するときは、生活のあらゆる側面との関わりを考慮しなければならない。

第二に、他の専門諸制度では果たしえない統合的機能を果たす。そのために、ソーシャルワーカーは現行のすべての社会制度をよく知り、これらを協同させる方法を知らねばならない。そのことによって個人、家族、集団が社会的、経済的なウェルビーイングの維持・増大のために利用しうるサービスや施設から最大の利益が得られるようにするのである。

第三に、地域社会の社会病理現象を診断し、適当な除去と予防のためのサービスの必要性を指摘する。ソーシャルワーカーは、(a)社会的ウェルビーイングを増進するための地域社会の努力、(b)個人、家族、集団が、生産的で納得のいく生活を送るうえでの障害を克服する努力が、より合理的、理知的、効率的になるための技術的手段的機能を発揮するのである（United Nations 1950＝1970: 18－19）。

これらの意味するところは、何であろうか。まず、社会政策によって社会サービスを整備するだけでは、生活問題が解決せず、個別的な支援や地域社会への支援を必要とする人が残されるということである。[*2] こうした特性は、ソーシャルワークに留まらず、それと関連する「社会福祉」制度全般の特性として、社会政策に対する補充性[*3]として日本の社会福祉学では理解されてきた。

＊2　ただしこの報告書では、ソーシャルワークが専門職業的サービスの段階になると、その対象は、経済的困窮の有無にかかわらず社会の全成員となると指摘している（United Nations 1950＝1970: 12）。

補充性――日本の「社会福祉」の定義

日本は、この国連の調査に回答するために、社会事業研究所に検討委員会を設置した。[*4]「わが国の現状に則した社会事業の意義乃至定義に関する『国際連合』の示唆を間接的に与えられたので、多数の学界、斯界の関係諸氏を委員として、『社会福祉研究委員会』を設け、約一カ年にわたって、これが研究」（谷川 一九五〇、三一頁）をし、連合国軍最高司令官総司令部（GHQ）を通して国際連合に提出した。[*5]委員は、厚生省社会局ならびに児童局、東京都民生局などの行政関係者、東京都社会事業協会、東京育成園、母子愛育会などの福祉団体・機関関係者、および大学関係者ら、総勢四八名の委員で構成され、幹事として日本社会事業協会（現・全国社会福祉協議会）から一〇名が参加した。戦後の社会福祉研究において活躍した主要メンバーが加わり、[*6]当時の社会事業[*7]（「社会福祉」）の共通理解をうかがうことができる。検討の結果、提出された定義は「社会事業とは、正常な一般生活の水準より脱落・背離し、又はその回復保全を目的として、国家、地方公共団体、或は私人が、社会保険、公衆衛生、教育等の社会福祉増進のための一般対策と並んで、又はそれを補い、或はこれに代わって、個別的、集団的に、保護助長或は処置を行う社会的な組織的活動である」（谷川 一九五〇、三四頁）と記されている。

一般対策（社会サービス）との関係を、並んで、補い、代わってと三つに整理しているが、これは

＊3　社会政策と社会事業（社会福祉）との関係を最初に補充性としてとらえたのは、大河内一男である。大河内は、「社会事業は社会政策の周囲に働き，社会政策の以前と以後とにその場所を持つものと言うことが出来る。この関係が続いているかぎり，社会事業は社会政策の周辺からこれを強化し，補強するものだと言い得る」（大河内　一九三八、七頁）。後に補充性論を展開した仲村優一は、大河内の影響を受けている。

＊4　一九三四年に財団法人中央社会事業協会（現・全国社会福祉協議会）が開設した研究所である。この研究所は、全国社会事業研究発表会を、戦前に二回、戦後は、一九四八年から毎年開催していた。

＊5　谷川は、「国際連合に提出するために、司令部係官に差し出した」（谷川　一九五〇、三六頁）とするが、国連の報告書では、政府から回答のあった国名に日本の名前はない。ただし社会福祉教育について回答をよせた大学および関係学校に日本から回答があったと書かれているのみである（United Nations 1950＝1970：4–5）。ただし、第五回国際社会事業会議（一九五〇年、パリ）に、「司令部からの特別の計らいで」日本から厚生省社会局長ら三名がオブザーバーとして参加した際に、この定義を提出している（青木　一九五〇、二五–二六頁）。

＊6　ただし、大学は関東の大学が中心であり、ほかは大阪から四宮恭二（大阪社会事業短期大学）、岡村重夫（大阪市立大学）がメンバーに入っているくらいである。

＊7　戦前の日本では、「社会福祉」を表す言葉が、「慈善事業」「感化救済事業」「社会事業」「（戦時）厚生事業」などと変遷してきた。政府がその時代状況において、「社会福祉」をどのように位置づけようとしたのかを表していると言える。「社会福祉」は日本国憲法発布以降に使われるようになり、この時期は、「社会事業」と「社会福祉」という言葉が混在している。

この委員会に幹事として加わった仲村優一により、後に、並列的補充性（一般対策と「社会福祉」が独自の領域を持って相互補完的に並行している場合）、補足的補充性（一般対策の働きをより効果的なものとするための補足的役割を「社会福祉」が果たしている場合）、代替的補充性（一般対策の不備のために、とりあえず「社会福祉」が代替的役割を果たさざるを得ない場合）と名づけられた（仲村 一九八四、一七-二〇頁）。並列的補充性の例としては、老人ホームの利用やホームヘルパーの派遣が挙げられ、補足的補充性の例としては、医療制度に組み込まれた医療ソーシャルワーカーが挙げられ、代替的補充性の例としては、年金による所得保障制度では不十分な場合の生活保護が挙げられている。

「社会福祉」の補充的機能が必要となるのは、一般対策には必ず例外が存在するからである。「一般施策の本来の筋道で、わざわざ社会福祉の助けを借りないで解決できるということであれば、それにこしたことはないし、それが可能ならば社会福祉は必要ないことにもなりかねない」（仲村 一九八四、一八頁）とあるように、一般的な社会サービスは、すべての市民を対象とする普遍的なサービスであると規定され、それを利用して生活上の課題を解決するのが「本来の筋道」なのであり、「社会福祉」は「本来の筋道」から外れた例外的な問題に対処するから、その役割が「補充性」としてとらえられるのである。

しかし一般対策の例外への対処として位置づけられないのが並列的補充性である。並列的補充性は、一般対策と「社会福祉」がそれぞれ独自の領域を並列的に持っている。にもかかわらず、「社会福祉」

から一般対策に向けた補充性を認めるのはなぜだろうか。[*8] そもそも、並列的補充性と整理された福祉サービスの「本来の筋道」とは何であろうか。仲村は並列的補充性の例として、老人ホームの利用やホームヘルパーの派遣を挙げていた。これに対応する一般社会サービスに関連するサービスはない。[*9] つまり一般社会サービスを利用するのが「本来の筋道」ではなく、私的領域に位置づけられた家族の生活支援機能を利用することが「本来の筋道」であり、並列的補充性が補充しているのは家族の生活支援機能なのである。

とすれば、「社会福祉」の正当化は、公的領域の平等ロジックだけでは説明できなくなる。家族はあくまで私的領域に位置づけられており、平等性が適用される領域ではない。親子関係を見てもわか

*8　古川は、戦後の社会福祉の理論的課題の一つに「補充性と固有性」を挙げ、仲村の補充性論を検討している。そこでは仲村の並列的補充性は、一般対策の相互補完であり、補充性という表現には形容矛盾があると指摘している（古川 二〇〇二、二五六頁）。これに対して、仲村は、社会サービス体系の中で「個別的でパーソナルな関係で提供される（あるいは、主体的に利用する）サービス」としてほかの一般的な社会サービスとは区別され、並列的補充性と言う。しかし介護サービスが医療サービスと社会保険で給付されることになり、補充性の枠組みでとらえられるか検討が必要であると述べている（一番ヶ瀬ら編 一九九九、一三-一四頁）。

*9　民間営利サービスには、有料老人ホームなどが類似サービスとしてあるが、その利用が「本来の筋道」とは言えない。

るように、不平等を前提とし、子が親に依存することを前提とする領域なのである。この家族の生活支援機能を補充するということはいかなる社会的意味を持つのか。そもそも私的領域である家族に公的領域が介入することはいかなるロジックで認められるのであろうか。このことを考えるために、まずは近代市民社会における家族の役割について見てみよう。

近代家族の役割

封建社会において、国家の統治は家の統治と同型と考えられ、家族内の秩序が公的な秩序を生み出す母胎と考えられ、そのため王権は家長権の強化を図ったのである。そして家族内秩序の維持は、王権のみならず共同体の安定と維持にとって不可欠の条件と考えられ、家族内の秩序のありようを共同体が監視し、逸脱者には処罰がなされた[*10]（阪上 一九九九、一九四頁）。

しかし貨幣経済の進展により住民の流動性が高まり、自然災害や社会的要因により農村共同体の経済的窮乏が深刻になると、共同体を離れ浮浪する貧民が増加した。共同体や家長による秩序維持機能は弱体化し、安定した家族的結合すら望めなくなった。その結果が、一八世紀の都市における捨て子と私生児の増加に現れたのである。たとえば、一八世紀後半には、パリの年間出生数の約四割にあたる捨て子が収容されたと記録されている。捨て子の中には、私生児として生まれてきた者だけでなく、嫡出子も少なからず含まれていた。そして孤児院に収容された子どもの九割以上が成人にならずに死亡した。また、捨て子にならなくても、母親が仕事につくために多くの子どもが里子に出され、不衛生な環境や乱暴な扱いにより里子の死亡率も高かった。これらの事態の要因として、家族秩序の動揺と亀裂が問題となり、その再建が課題となったのである(阪上 一九九九、一九六-二〇三頁)。

さらに産業化が進むと、児童労働が問題になった。産業革命による大量生産は、単純労働の必要性を拡大させ、安い賃金で雇える児童労働への需要が拡大した。その結果、長時間労働が児童の健康を蝕み、教育の機会を奪い、工場の道徳的退廃による悪影響が問題になったのである。

そのため産業化がもっとも早く進展したイギリスでは、一九世紀初頭から児童労働の規制を目的とした工場法が制定された。しかし審議の過程では、児童労働の規制は、家長の権利の侵害であるとの反対がなされた。なぜならば、子どもの得た収入の処分権は家長にあったため、児童労働の制限は親の財産権の侵害にあたるとされたのである。まさに私的領域に対する公的介入の是非が問題になった

*10 ヨーロッパ各地では、中世から一九世紀にかけて共同体の慣行に違反した者を罰する「シャリヴァリ」と言われる儀式的集団行動が行われた。極端に年齢差の大きい結婚、身分違いの結婚、姦通、妻をなぐった夫、夫をなぐった妻などが共同体の秩序を揺るがすものと見なされた。若者を中心とする住民の一群は、違反を犯した家の前におしかけ、当該者が非を認めて罰金を払い、酒をふるまうまで、毎晩鍋や釜をたたいて騒ぎ立てるなどした(阪上 一九九九、一九六頁)。

のである。これに対して工場法推進派は、家長は子どもを長時間労働させることで、適切な保護を行い教育を受けさせる義務を果たしていないのであり、保護や教育を受ける子どもの権利が奪われている以上、国家が家長の代わりに子どもの後見人となって権利を守らなければならないと主張したのである（森 一九八八、三〇八－一二頁）。子どもは親に帰属した所有物と見なすのではなく、独立した権利の主体とすることで、家族が子どもへの義務を果たせていない場合に、国家による介入を正当化したのである。

このように国家が子どもの養育に強い関心を持つ背景には、家族が子どもを、国家にふさわしい市民として育成し、不道徳の連鎖を断ち切ることが、社会統制の鍵と考えたからである。そのためには旧来の家長権を基盤とした封建的な家族ではなく、近代的な家族像がモデル化され規格化された。まず母親の役割が強調され、それまでのように子育てを人任せにするのではなく、母性愛が子どもの成長に不可欠であり、母親の最新の注意のもとで母乳によって育てられることによって、良い習俗、良い体質を身に着けると主張されるようになった。さらに父子関係においても、支配－服従の関係ではなく、幼少期の保護－感謝を核とする情愛関係でなければならないと考えられた。そのため父親の家長権の行使は制限され、その行使の目的も、あくまで有徳の市民にするためと位置づけられたのである（阪上 一九九九、二三三－四二頁、二七八－八一頁）。

近代家族への支援――「社会福祉」の誕生

しかしこうした近代的家族を形成するには、国家による法的規制だけでは、実現できない。個々の家族を感化指導する者が必要になる。そこで逸脱した封建家族を監視した共同体の代わりに、模範的な市民によって構成される社会の責任において、逸脱した近代家族に介入すること（「秩序維持型福祉」）が求められたのである。この社会の責任における家族への介入支援こそが現代の「社会福祉」の出発点である。模範的な市民が、逸脱した家族を感化するという構図そのものが援助関係の対等性を欠いており、パターナリズムこそが援助を正当化する原理だったのである。そして、この社会的責務に応えるために組織化や専門職化が指向され、「社会福祉」として独自の制度化がなされていくことになるのである。

先に紹介した国連の報告書では、個人の慈善事業から、公私の組織的活動を経て、専門職化へのプロセスを発展段階としてとらえている。ではなぜ専門職へと発展する必要性があるのだろうか。報告書では、慈善活動が貧困者への無差別的な金品の給付以上に進もうとすると、社会的不適応の原因に対する科学的調査、つまりソーシャルワークによる問題に対する継続的な検討が必要になり、それに応じてソーシャルワークの性質や提供するサービスの変化（専門職化）が生じると指摘している。こうした専門職業的サービスに向かう動きの中に、ソーシャルワークの固有の論理があると述べている

（United Nations 1950＝1970: 17）。

実際にイギリスの慈善組織協会（ＣＯＳ）は、一八六九年にロンドンで設立された民間団体であり、それまで個別的になされていた慈善活動を組織化したが、そのために職員の訓練が重視された。ＣＯＳの財源は、市民からの小口の寄付に依拠しており、援助に値する者（道徳的に健全な者）と援助に値しない者（飲酒や賭博など不道徳な生活を送っている者）を診断し、援助に値する者に効果的な援助ができるかが、寄付金の多寡に反映したからである。とすれば、援助に値する者を診断する基準を標準化するためにワーカーの訓練は欠かすことができないことになる。また現実的にも、ＣＯＳのワーカーは、高等教育を受けた中産階級の女性が多かったが、援助の対象となる労働者階級との社会的距離から、スーパービジョンなどの教育がない限り、その生活を理解することが困難だったのである（伊藤淑子 一九九六、六六－六九頁）。

さらに児童保護の領域は、行政とも関係し、養育権に関わる公的な判断が求められ、一層専門的な判断が求められた。まず家族による養育が困難と判断された児童は、里親に委託された。そして里親が適切に養育しているか、定期的な個別訪問がなされた。これらの過程における虐待の有無や子どもの発達状況などの判断は、過ちが許されず、また判断をした際の根拠も明確にする必要があり、専門職として判断が求められるようになったのである。また非行少年の教護施設への保護においても同様の専門職としての判断が必要とされた（伊藤淑子 一九九六、七〇－七六頁）。

こうした扶助や児童保護の領域における、専門職養成の必要性の高まりから、専門の学校が各国で設立されるようになった。最初のソーシャルワーカーの養成学校は、一八九九年アムステルダムで設立された。その後、一九〇〇年にロンドンで、一九〇四年にニューヨークおよびシカゴで、一九〇八年にベルリンで設立された。国連の報告書の調査時では、四六カ国三七三校が確認されており、学校の形態は、大学院、大学学部、専門学校と国によって位置づけは異なっている。また当初は民間によって設立されたが、次第に政府が設立に関与するようになり、その傾向は第二次世界大戦終了後より顕著になっていると指摘している[*11](United Nations 1950＝1970：23–40)。

このように「社会福祉」は、家族の生活支援機能を補充的に援助するために専門職化した。そして社会サービスが整備されてくると、家族支援だけでなく、医療、教育、司法、労働などの社会サービス分野でもソーシャルワーカーが専門職として採用され、社会サービスを補充的に支援していったのである。

*11　日本では、一九一八年に宗教大学（現・大正大学）社会事業研究室、一九二一年に東洋大学社会教育社会事業科、日本女子大学社会事業学部児童保全科・女工保全科が設置された。

補充性の四類型

このように「社会福祉」の専門職化へのプロセスを見れば、社会サービスへの補充性というよりは、むしろ家族の生活支援機能への補充性の方が先立つ役割として発達した。そして社会サービスが整備されると、社会サービスへの補充性が加わったのである。仲村優一（一九八四、一七–二〇頁）の補充性論を家族の生活支援機能への補充性をふまえて整理し直してみると以下のようになる。

① 社会サービスへの代替的補充性

援助に対する社会的必要性（ニーズ）があるにもかかわらず、一般社会サービスの支給対象とならない場合や、支給量が不足している場合、「社会福祉」の制度や実践が代替的に補充する役割を担うのである。

② 社会サービスへの補足的補充性

一般社会サービスの対象であっても、何らかの人的な支援がなければ、その利用が困難な場合、「社会福祉」の制度や実践が補足的に補充する役割を担うのである。

以上の二点は、仲村の整理とかわりない。そして並列的補充性を家族の生活支援機能に対するものとして考えると、この補充性は、さらに代替的と補強的補充性に分けることができる（稲沢ら二〇〇八、一二一–一二五頁）。

③ 家族の生活支援機能への代替的補充性

家族の生活支援機能の全部または一部が機能せず援助が必要な場合に、「社会福祉」の制度や実践が代替的に補充する役割を担うのである。たとえば、就労などによって日中の育児ができない場合の保育所や、家族の介護で対応しきれない場合の高齢者や障害者へのホームヘルプサービス、そして入所施設などが該当する。これらに類似するものとして、ベビーシッターや介護人を直接、市場で雇用することも可能である。これらとの違いは何であろうか。「社会福祉」の場合は、家族の生活支援機能の不足とニーズが連動するが、市場のサービスの場合は、家族の生活支援機能の状況に関わりなく、契約が成立すれば需要を満たすことができるのである。

④ 家族の生活支援機能への補強的補充性

家族の生活支援機能そのものを強化する必要性がある場合に、「社会福祉」の制度や実践が補強的[*12]に補充するのである。たとえば、児童相談所や子ども家庭支援センターなどが行っている育児に関する相談などは、親の子に対する生活支援機能を強化するものである。

*12 社会サービスへの補足的補充性と家族の生活支援機能への補強的補充性の違いは、前者は社会サービスの機能そのものを高めることを目的としているのではなく、その機能の利用を効果的にするために補充するのに対して、後者は家族の生活支援機能そのものを高めることを目的としている点にある。

社会サービスへの代替的補充性の正当化の論理

このように「社会福祉」を補充性という観点から分類したうえで、それぞれの補充性は社会的にどのように正当化されているのであろうか。

まず社会サービスへの代替的補充性は、社会サービス、特にその主要な供給方法である社会保険が対処できない問題を例外として放置することが、衡平性の観点から容認できないということで正当化される。

社会保険には、まず保険という手段に伴う限界が存在する。それは保険料の拠出をしない（できない）場合や、あっても拠出期間が不十分な場合である。よって年金保険を補充する役割として公的扶助が位置づけられるのである（Beveridge 1942＝1969：218–21）。社会サービスへの代替的補充性を有する「社会福祉」制度の中でも、社会保険を代替するものは、こうした保険という手段に伴う例外に対処しているのである。たとえば、日本の老齢福祉年金は、国民年金制度が発足した時点で、高齢者であったり、拠出期間が不足する人を対象に税を財源に支給される年金である。また特別障害給付金も、かつて学生や主婦が国民年金に任意加入でよかった時代に、未加入で障害者となった人を対象に税を財源に支給されている。これらは本人の過失がないにもかかわらず、リスクによる損害を社会保険で保障されない場合であり、まさに衡平性の観点から放置できないのである。

社会保険の限界は、適用範囲の問題だけではない。社会保険は、あくまであらかじめ計算可能なリスクを金銭給付でするものである。よって予測できなかったリスクに対処することはできない。たとえば、傷痍軍人、軍人遺族、引揚者、公害被害者などは、国益のために自ら被害を受けたものであり、そのリスクが予測できなかったからといって、その損害を自己責任で解決することは衡平性に欠けるであろう。よって予測できない損害であっても、社会的責務としてその損害を補償すべき場合に、その援助が正当化されるのである（岩崎 二〇〇二、九〇-九一頁）。

以上のように、社会サービスへの代替的補充性は、衡平性という平等のロジックの範疇で正当化が可能なのである。しかし、他の補充性を果たす「社会福祉」制度や実践はどのように理解すればよいだろうか。社会サービスへの補足的補充性や家族への二つの補充性は、まさにリスクや損害への補償といった衡平性の論理で説明できない異質な問題に対応しているのである。

「社会的弱者」という特殊への「福祉」

この異質性は、近代市民社会の基本原則である自己責任論との矛盾による。社会保険は、リスクという概念を持ち出すことで自己責任論を修正したことは前章で述べた。しかしリスクの相互化は、自己責任を否定したわけではない。社会保険は、加入が強制され、国や公的団体がその運用をするなど、私的な責任の問題ではなく、公的な責任の問題だと言える。しかし給付金を使ってどのように損害を補てんし生活を継続するかは個々の自己責任なのである。公的な責任は、給付金の拠出までであり、そのお金をどう使うかは私的責任の問題に残されているのである。

しかし、社会サービスへの補足的補充性や家族の生活支援機能への補充性は、個々の問題をどのように解決するのかといった私的な責任の領域への公的な介入を含んでいる。こうした介入は、いかなる論理で公的な責任の問題となり得るのであろうか。その方法は、自己責任で対処できない者（社会的弱者）として特殊な援助カテゴリーを作成し、一般市民と異なるルールを適用することによってである。このように一般市民と異なるルールを適用することで、自由に関わる「福祉」の正当化問題を回避することになった。なぜなら自由が保障されるのは市民という地位を持つからであり、「社会的弱者」は自己責任で対処できない以上、その地位を全面的に保障しなくてもよくなるからである。たとえば、生活困窮者、要保護児童、障害者、要介護高齢者、母子家庭などが代表的な援助カテゴリーとして設定された。これらの援助カテゴリーに該当することが、一般市民とは異なる「福祉」である「社会福祉」を受けるための前提条件となったのである。

つまり社会連帯論において、社会的債務やリスクという概念によってなされた普遍的な市民像への統合には限界があり、ここで再び、特殊なルールを適用する「社会的弱者」というカテゴリーを作り出さざるを得ないのである。岩田正美は、この「社会福祉」が関わる特殊性を次のように説明している。「『一般化』とは、当該社会で一般的に行われており、望ましいと認知されている労働や生活の様式を前提とし、それらの『一般的形式』をより安定的なものとして維持されることを明らかな目標としており、（中略）『特殊化』とは、このような一般的な労働や生活様式で営まれている社会のメインストリームにではなく、そのような一般的様式とは異なった『特殊』あるいは『特別』な『場所』への接合を社会が容認していく形式を意味している」（岩田 二〇一六、三六七-六八頁）。このように「社会福祉」は、一般化の形式だけでなく、特殊化という形式を持たざるを得ないのである。

ではこうした特殊化の形式は、いかなる理由で社会的に必要とされたのであろうか。

第一は、援助をすることで「社会統合」を実現する場合である。援助をしないと公益が侵害される、あるいは援助することが公益の増進になると考えられる場合である。先に述べたように、不道徳的な環境に児童が放置されると、大人になっても犯罪者や怠惰な者になる危険性が高いと考えられた。そうならないために家族への介入が必要と考えられたのである。このように反社会的な存在にならないために「社会統合」を目的とした予防的な援助が必要とされる場合がある。こうした援助は児童だけではなく、刑余者、スラムや植民地の住民など、犯罪や反社会的活動のリスクが高いと考えられる集団も対象となる。

また社会に危害を与えるリスクがなくても、長期失業者や障害者の就労を支援し、労働者として社会統合することは公益の増進につながると考えられた。

第二に 援助の名のもとに「隔離」をしないと公益が侵害されると考えられる場合である。精神障害者、ハンセン病患者などは、社会防衛のため隔離収容することが必要と考えられた。[*13] さらに非行少年なども一時的ではあるが、感化院などに収容された。だが、これらの施設では、単に隔離するだけでなく、社会統合のために教育的支援を行い、更生させることが目的とされた。

このように、自己責任で問題を解決できない特殊なカテゴリーと見なされ、そうした「社会的弱者」を援助することが公益の侵害の防止や、公益の増進の点から必要と見なされた時、「社会福祉」制度として位置づけたのである。[*14]

しかしこうした「社会福祉」と公益との結びつきは、必ずしも自明ではない。そもそも犯罪や反社会的活動のリスクが高いと考えられる集団や、社会防衛のため隔離収容することが必要な集団という認識そのものが、正当性の検証がなされないままラベリングされたのである。

援助を受ける側の視点の欠落

こうした「社会福祉」の正当化の論理において、もっとも重要な問題は、援助を受ける側の視点がない点である。援助を受ける者は、「社会的弱者」として援助を必要としていること、そしていかなる方法で援助するのかを決めるのは援助する側であること、そして援助がもたらす効果は援助を受ける側にとって良いものであることが自明視された。その結果、「社会統合」を目的とした援助はもとより、「隔離」を目的とした援助であっても、「隔離」されることが、援助を受ける側にとっても福祉を実現するものであるとの言説がなされた。たとえば、強制隔離の対象となったハンセン病や精神病の患者に対しては、隔離収容することによって、治療を受けることができ、本人にとっても幸福であるという言説が繰り返されたし、ナチスドイツにおいては、重度障害者など社会にとって不適応と見なされた者を安楽死させることが、社会にとっても本人にとっても幸せなことであるとして、ガス室で虐殺された。[*15]

こうした言説がほとんど疑問視されなかったのは、こうした援助関係が、パターナリスティックな後見関係にもとづいているからであり、援助を受ける本人よりも、援助を受ける側の真のニーズを援

*13　こうした隔離収容は、多くの国に共通するが、明治期の日本では、文明国としての体面を保つという特殊な要因がこの政策に影響を与えていた。明治四（一八七二）年に、領土問題を抱えていたロシアの皇太子アレクセイが来日した際に、浮浪者を不可視化させるために施設に収容した。またその後も、障害者を見世物にすることを禁止し、精神障害者の徘徊を防止し監護する義務を家族に負わせるなど、公共空間から文明国にふさわしくないと思える存在を排除したのである（岩崎 二〇〇六、五九‐六〇頁）。

*14　「社会福祉」が社会的に公益との観点から位置づけられる傾向にあったからといって、社会福祉実践のすべてが公益の増進のために行われたわけではない。対象者の福祉の増進を第一としたすばらしい実践もあったことは言うまでもない。本書は、「福祉」が社会からどのように意味づけられたのかを検討するものであり、個別の実践を評価するものではない。

助する側が理解しているという認識があるからである。こうしたパターナリスティックな援助関係は、近代的な「社会福祉」が創設時より内包していたものであった。この援助関係は父と子の後見関係を模したものであり、何をどのように援助すべきかを決めるのは、あくまで父である援助者側であった。これに対して、自分たちの主体性を無視した「新しい慈善」の扱いに労働者側は激しく反発したのであった。援助をする側が必要と考える「福祉」と、援助を受ける側が必要とする「福祉」には大きな乖離があったのである。とはいえ、社会連帯論によってブルジョワジーと労働者が対等な関係を結ぶことが可能になり、このパターナリスティックな後見関係は解消されたかに見えた。しかし「社会的弱者」とラベリングされた人との間では、その関係が残された。とすれば、労働者が反発したように、「社会的弱者」が反発することも予想できるであろう。

実際に、援助を受ける代わりに「社会的弱者」としてラベリングされることや、自らの私的な生活領域に介入され管理されることに対する反発がなされた。一九六〇年代から八〇年代にかけて、援助を受ける側からの専門職批判という形で正当性が問われることになったのである。ソーシャルワーカーは、社会統制の執行者にすぎず社会の多数意見を反映するものにすぎないとし、ソーシャルワークの介入が、かえって被援助者を逸脱者として社会からの排除を固定化させているとと批判を受けたのである（ブトゥリム 一九八六、一六–二〇頁、カステル 二〇一五、二〇九–三〇頁、ジョーダン 一九九二、一〇三–一三頁、マーゴリン 二〇〇三、ポーガム 二〇一六、二〇八–一〇頁、三島二〇〇七、一〇三–三一頁)。

「社会福祉」が、公益の侵害の防止や増進に寄与したとしても、援助を受けた当事者にとっての「福祉」を本人が望む形で増進せず、場合によってはその者の人権すら侵害することがあるとすれば、ここに「秩序維持型福祉」としての「社会福祉」は重大な正当化の危機を迎えることになったのである。

小括

社会保険などの普遍的な社会サービスが、社会連帯論にもとづいて整備されていく中で、そうした「秩序再構築型福祉」とは異なる、「福祉」のもう一つの系譜として「社会福祉」が位置づけられた。普遍的な社会サービスを整備するだけでは生活問題が解決せず、個別的な支援や地域社会への支援を必要とする人に対応するサービスが必要とされたのである。

こうした「社会福祉」の役割は、普遍的な社会サービス(社会政策)の不備を補充するものと一般

*15 こうした言説に関する文献は多いが、ハンセン病についてはハンセン病問題に関する検証会議(二〇〇五)、無らい県運動研究会編(二〇一四)、精神病については古屋(二〇一五)、知的障害についてはトレント(一九九七a、一九九七b)、ドイツの障害者安楽死計画についてはギャラファー(一九九六)などを参照。

的には理解されていた。しかし「社会福祉」の補充性は、歴史的に見てみると社会サービスというよりも家族の生活支援機能を補充するものとして発展してきたものであった。

現代の「社会福祉」は、社会サービスや家族の生活支援機能を補充する「秩序維持型福祉」として整理できる。しかしこうした役割を持つ「社会福祉」を、社会的に正当化しようとすると、一部の役割を除くと、公的領域における普遍的な平等を基盤とした論理によって正当化はできない。そこで自己責任論を適用除外するカテゴリーとして「社会的弱者」という特殊な援助カテゴリーを設定し、一般市民とは異なるルールで援助が正当化された。それは援助することで、「社会統合」を実現する場合や、「隔離」によって社会防衛するなど、公益の増進という観点から正当化されたのである。

しかしこれらの正当化の論理は、「社会的弱者」は援助を必要としていることが自明視され、パターナリスティックな後見関係にもとづいている。「新しい慈善」事業を支えていた社会化された後見関係をそのまま引き継がざるを得なかったのである。

よって、「社会福祉」の援助を受けている当事者から大きな反発を受けると、「社会福祉」は重大な正当化の危機を迎え、「社会的弱者」とは異なる対象観への転換が求められたのである。

2 消費者へのサービス提供——「社会福祉」の解体

批判への応答――ノーマライゼーション

こうした「社会福祉」への批判に対する応答はさまざまなレベルでなされたが、政策レベルとしては、まず施設ケアからコミュニティケアへの転換（脱施設化）が推進された。

これまで施設に入所することは、家族が生活支援機能を果たせない時、代替的補充性を果たす有力な手段であった。同質のケアニーズを有する人を施設に収容することは、ケアを提供するうえで、効率性、包括性、持続性、即応性という観点からは優れている。しかしこうした施設ケアが長期化するとさまざまな問題点が発生するのである。ゴフマンは入所施設[*16]の問題点を次のように指摘した。まず「現代社会の基本的な取り決め **social arrangement** は、個人は異なる場所で、異なる参加者たちと、異なる権威に従って、全面的で首尾一貫したプランもないままに、睡眠をとり、遊び、仕事をするのが通例である」（ゴフマン 一九八四、六頁）が、入所施設にはそれがない。生活の全局面が同一の空間で、同一の権威により、同一の扱いをされ、それに従うことが求められる。毎日の活動は、管

*16 ゴフマンは、入所施設を「多数の類似の境遇にある個々人が、一緒に、相当期間にわたって包括社会から遮断されて、閉鎖的で形式的に管理された日常生活を送る居住と仕事の場所」（ゴフマン 一九八四、v頁）と定義し「全制的施設」と呼んだ。

理する職員によって施設の目的を果たすように整然と計画され、強制するのである。また社会から長期間隔絶され社会的役割などを剝奪されることで、入所者を無力化する装置なのである（ゴフマン一九八四、六－七頁、一四－五一頁）。つまり施設ケアそのものが、「社会的弱者」をさらに「弱者化」する装置となっているのである。

こうした施設ケアから脱施設化への転換を促した思想が、ノーマライゼーションである。ノーマライゼーションとは、スウェーデンやデンマークにおける知的障害者へのケアの原理となった考え方であり、[*17]「精神遅滞者をいわゆるノーマルな人にすることを目的としているのではない。（中略）精神遅滞者をその障害とともに（障害があっても）受容することであり、彼らにノーマルな生活条件を提供すること」（バンク＝ミケルセン一九七八、一四六頁）を意味している。よって、一般の市民にとって、施設での生活がノーマルなものでない以上、施設ケアではなく、他の市民と同じようにコミュニティで生活するための支援（コミュニティケア）への転換が求められたのである。

ノーマライゼーションの考え方は、援助対象者を「社会的弱者」として位置づけることを否定する。彼ら／彼女らも同じ市民として平等な存在であり、であるからこそ平等な生活条件の享受を権利として要求しているのである。そしてこの思想は、知的障害に限らず、他の障害者や、ノーマルな生活状況を享受できないすべての人に、適用可能な普遍的な考え方として評価されているのである（河東田二〇〇九）。

このようにして施設ケアの問題点が広く認識されるようになると、先進諸国では脱施設化へと政策転換がなされるようになった[*18]。脱施設化は、精神障害者、知的障害者、児童、高齢者といった対象分野によっても、また国においても文脈が異なるが、概ね、施設収容の問題点を改善すべく、地域の一般住宅やグループホームでケアを受けながら生活するというコミュニティケアへの転換を図ろうとするものと言えよう（マンセルら編 二〇〇〇、河東田編 二〇〇七）。

このように脱施設化やノーマライゼーションの考え方が浸透したことが、「社会福祉」サービスの受給者像を、「社会的弱者」から、同じ「市民」としてとらえ直そうとする契機となったのである。

*17　一般的には、ノーマライゼーションとは、デンマークにおけるバンク＝ミケルセンが尽力した一九五九年法にある「できるだけノーマルな生活状態に近い生活をつくりだすこと」を嚆矢とする見解が一般的であったが、河東田（二〇〇九）は、スウェーデンの社会大臣の諮問委員会「しょうがい者雇用検討委員会」が一九四六年に出した報告書に、すでにノーマライゼーションの考え方が明記されていると述べている。デンマークのバンク＝ミケルセンやニィリエ、アメリカのヴォルヘンスベルガーなど、ノーマライゼーションの理念の展開に関しては、河東田（二〇〇九）を参照。

*18　ただし施設ケアの問題点の認識だけが、コミュニティケアへの転換を促したわけではない。たとえば杉野（一九九四）は、アメリカにおける州立精神病院の脱施設化を推進した要因として、専門職の職業上の利害関心、反施設主義イデオロギー、財政の三つを挙げている。

批判への応答——パーソナライゼーション

さらに「社会福祉」サービスを提供する仕組みのうえでも、受給者をサービスの消費者と見なす動きが加速化しており、「社会的弱者」から「消費者」への受給者像の転換を行っている。

こうした消費者主義への転換を生み出すきっかけとなったのは、一九七〇年代前半からの福祉国家の財政的な危機により、多くの先進諸国において社会サービスの供給体制の効率化が進められ、いわゆる準市場化が進められたことによる（ジョンソン 二〇〇二、一三二-四六頁）。準市場化とは、供給主体の多元化を行い、市場の競争原理による効率性を社会サービスに持ち込むことである。ただし、社会サービスを完全に市場化することはできないので、市場原理を一部修正しなければならない。その修正とは、購入費用のうち相当な割合を公的財源で賄うこと、消費者保護のために一般の商品より厳しい規制をかけること、営利企業だけでなく公的機関や民間非営利部門が共存できるルールづくりなどである（平岡ら 二〇一一、四五六-五七頁）。こうした準市場化が進められることによって、市場における消費者という位置づけが「社会福祉」サービスにおいても導入されていったのである。

準市場化には、自治体などがサービス購入者としての財源を持ち、複数のサービス提供者から指定事業者を選択するタイプ（サービス購入型）と、利用者が自治体などから利用費補助を受け、複数のサービス提供者から個々に選択するタイプ（利用者補助型）に分けられるが、近年は後者のタイプが重視されている。というのも、利用者が誰からどのような支援を受けるかを「選択」でき、かつ支援を受ける過程を自らが「統制」できること（パーソナライゼーション）に価値が置かれるようになったからとされている（平岡 二〇一二）。こうした利用者補助型の準市場化が進むにつれ、一層サービス利用者の消費者としての位置づけが明確になっていったのである。

利用者補助型の準市場化は、アメリカのカリフォルニア州では、一九七〇年代半ばから、低所得の障害者および高齢者に対して、対象者の必要に応じて設定される補助額の範囲内で対象者の選んだサービス提供者に支払う制度が発足している（森川 二〇〇一、一一八頁）。

イギリスでも、一九八〇年代から障害者が自らパーソナルアシスタントを雇用するための財政的な支援が多くの自治体でなされていた。しかしサービス利用者に直接現金給付をすることが国民支援法によって禁じられていたため、団体を経由して支給するなどの間接支給であった。一九九六年のコミュニティケア法によって、障害者が直接コミュニティケアサービスを購入するための直接現金給付（ダイレクトペイメント）が正式に認められた。当初は、一八歳から六五歳までの障害者のみであったが、その後、六五歳以上の高齢者や、障害児の親権者などにも対象が拡大された（小川 二〇〇五）。

ダイレクトペイメントは、支給された現金をどのサービスに使うかを決める権限が利用者に与えられることから、当初はこうしたマネジメント能力のある人の利用を想定していた。その後、知的障害者、精神障害者、認知症高齢者の利用を考え、自己決定を援助する仕組みを取り入れたパーソナルバジェット方式へ転換している。個々人に割り当てられた予算を、①ダイレクトペイメントとして受け取る（本人、もしくは本人が指定した事業所でも可）、②自治体のソーシャルワーカーに管理を依頼する、③両者を組み合わせて受け取る、ことが可能である。日本の介護保険と異なるのは、利用できるサービスの種類や事業者が限定されておらず、創造的な使い方が可能な点である（白瀬 二〇一二、永田 二〇一四b、麦倉 二〇一五、二〇一七）。

このようなダイレクトペイメント方式の導入は、当初は、そうした方式を望む者への例外的な措置であった。しかしダイレクトペイメントがめざしてきた利用者による「選択とコントロール」という理念を、すべての社会サービスの基本的な考え方とすべきとの主張がなされるようになってきた[*19]。イギリス政府も二〇〇七年には、利用者がサービスを自ら選択し統制できることをパーソナライゼーションと呼んで、専門職主導から本人主導の支援への転換を掲げている（平岡 二〇一二、永田 二〇一四a、二〇一四b、麦倉 二〇一五）。

障害の「社会モデル」による問題の社会化

ノーマライゼーションは「社会的弱者」から市民へ、パーソナライゼーションは「社会的弱者」から消費者へと、「社会福祉」サービスの受給者像の転換を促している。市民も消費者も、いずれも保護される受動的存在ではなく、権利の主体として位置づけている点で共通していると言えよう。

しかし、単に位置づけの転換で問題は解決するのだろうか。たとえば消費者として位置づけるにしても、購入するための財源の保証がなければ、実効性はない。「社会的弱者」などの特殊カテゴリー化を正当化の根拠とせずに、市民としての平等を基盤にして、消費者としての財源分配をどうすれば正当化（平等に関わる「福祉」の正当化問題）できるであろうか。それに対する一つの解答が、イギリスやアメリカを中心とした障害者運動や障害学[*20]が提起した「社会モデル」である。

「社会モデル」とは、障害の次元を、心身のレベル（インペアメント）と社会のレベル（ディスアビリティ）に分離し、ディスアビリティの解決を社会の責任で解決すべき問題と提起した。「私たちの考えでは、身体的にインペアメントのある人々を無力化するのは社会なのである。社会から不必要に孤立させられ、社会への完全参加が阻まれることによって、私たちはインペアメントに加えてディスア

＊19　イギリスにおいてこうした考え方を推し進めるうえで、影響力を持った団体が、イン・コントロールである。イン・コントロールは、保健省が二〇〇一年に定めた知的障害者への支援プラン（Valuing People）の実施を検討するグループが中心となり、二〇〇三年にできた組織である。イン・コントロールは、パーソナルバジェット方式を実施することで、専門職主導から、すべての人が本人主導に転換できることを主張したのである（永田 二〇一四a、麦倉 二〇一五、二〇一七）。

＊20　障害学に関しては、バーンスら（二〇〇四）、オリバー（二〇〇六）、杉野（二〇〇七）を参照。

ビリティを課せられている。したがって障害者とは、社会のなかで抑圧された集団なのである」（バーンスら 二〇〇四、四五頁）として、社会からディスアビリティを課せられたことによる不正義を問題にしたのである。なぜこのようなディスアビリティが障害者に課せられるようになったのかといえば、資本主義社会の発展に伴い、共同体に（障害者を含めた）人々が埋め込まれた生産様式から、自由労働市場が形成され、個々の労働力の商品価値が着目されるようになった。その過程で、障害者は商品性が低い者として市場から排除され、その結果、生産過程から切り離された家族に取り残され、施設に収容されていったのである。さらに文化的にも障害へのスティグマ化が促進された。こうした「社会モデル」に立てば、障害者がリハビリテーションを受けて健常者に近づくという「個人モデル（医療モデル）」ではなく、障害者を排除しないように社会を変えることが重視されるのである。障害は個人が克服すべき問題ではなく、社会が解決すべき問題と主張したのである。

このような「社会モデル」が、なぜ財源分配の問題を解決したと言えるのであろうか。このことを考えるうえで、社会連帯論の論理を思い出してみよう。社会連帯論では、自然連帯の不平等を二つ挙げていた。一つは人間の知的身体的能力や寿命の違いにもとづく自然的な不平等と、もう一つは生まれながらの貧富の差などの社会的な不平等であり、前者は正義の問題の範囲外とし、後者の不平等の是正を論じた。そして貧富の差を社会的債務の不平等と解釈することで、ブルジョワジーからの相続税・財産税・累進課税や、労働者への支援（教育や労働時間の短縮など）を正当化した。言い換えれば、労働者に生活の自己責任を課すためには、まず不平等の是正が必要と論じたのである。

「社会モデル」は、社会連帯論が正義の範囲外とした自然的な不平等を、障害をインペアメントとディスアビリティに分離することで、後者を社会的な不平等に位置づけ直した。そのうえで、社会が不当なディスアビリティを課しているため、障害者とそうでない者との間の社会的債務の不平等があり、障害者に自己責任を課すためにはまず不平等の是正が必要であると論じたのである。このように考えれば、「社会的弱者」という市民と異なるカテゴリーを作らず、市民間の不平等の是正というロジックを使って、障害者への支援を正当化することが可能である。そして社会からの支援を「選択とコントロール」することで、自らの生活に責任を果たすことができると考えたのである。

こうした「社会モデル」の考え方は、性別、民族など、他の自然的な不平等がもたらす問題も、心身のレベルと社会のレベルに分けて考えることで、同様のロジックが可能になる。実際に、フェミニズムでは、一九六〇年代後半から、生物学的なセックスと、社会文化的なジェンダーを分けてとらえることで、ジェンダーバイアスという社会的不平等を問題化してきた（上野 二〇〇六）。

では、自ら社会サービスを「選択とコントロール」することが困難な人の自己責任問題はどうなるのであろうか。家族や後見人が、本人の代わりに、あるいは本人と一緒に判断するという後見制度が対応することになる。[*21] このように後見制度を利用すれば、形式上（法律関係上）はすべての個人を権利の主体と見なすことができる。このことは「社会的弱者」に対する社会的後見から、消費者に対する個人的後見に移行したと言ってよいであろう。同じ後見関係であっても、前者は「社会的弱者」というカテゴリーに認定されれば、本人の実際の意思決定能力の制限の程度と関係なく、特殊なルールが適用されるのに対し、後者は消費者の個別の状況に応じて、後見の有無や方法が変わるのであり、後見関係を「個人化」することで、権利の主体性との矛盾——自由に関わる「福祉」の正当化問題を一応解消したのである。

そしてこのようにパーソナライゼーションを推し進め、後見関係の「個人化」をすれば、「社会福祉」という特殊な「福祉」は必要なくなる。「社会福祉」を解体して、権利を基盤とした一般社会サービスにすべて統合することが可能なのである。

パーソナライゼーションの市民像の問題点

しかしこのように消費者として市民の地位をとらえることに問題はないのだろうか。実はこうした個々に権利を有する自立した主体という市民像は、社会連帯論が否定した社会契約説の市民像なのである。前章で述べたように、社会契約説では、個々にプロパティ（固有権）を持ち自立した市民であることを前提（自然状態）に論理構成を行った。これに対して社会連帯論は、自立した市民からなる自然状態そのものを否定する。社会は契約によって成立するのではなく、すでに社会は存在しており、市民は相互依存状態（自然連帯）にあるのである。この二つの市民のとらえ方の違いは何であろうか。

社会契約説の自立した市民を前提とすれば、社会の役割は個々の権利をいかに守るか、あるいは付与するかが問題となる。それに対して、社会連帯論の相互に依存する市民を前提とすれば、単に個々の権利の問題を超えて、相互の依存のあり方（関係）が社会の問題となるのである。

実際に、パーソナライゼーションが社会契約説的市民像を前提としていることによる問題点が、障害者団体からも指摘されている。ダイレクトペイメント（あるいはパーソナルバジェット）への批判は、制度上の不備に対するもの[*22]もあるが、より根本的なのは、こうしたパーソナライゼーションの推進によって、公的責任が矮小化されるという批判である。田中耕一郎によれば、「ダイレクト・ペイメントというシステムにおいて、障害者がもし自らのニーズに応じたサービスを選択せず、ニーズとサービスとの間にコンフリクトを抱えたら、その責任は、『賢い消費者』でなかった障害者個人に還元さ

*21　成年後見制度のあり方についても、近年変化してきている。その先端を行くイギリスの二〇〇五年意思決定能力法には、これまでの成年後見制度と比べて、三つの変化があると菅（二〇一二、一三八－四〇頁）は指摘している。第一に、本人の代わりに後見人が判断する（代行判断）アプローチから、本人の意思決定支援を第一に行う（決定支援）アプローチに変化したこと（ただし決定支援が困難な場合は、代行決定を容認している）。第二に、意思能力がないとする法的判断について、「時間限定的かつ事柄限定的」とし代行決定を必要最小限にした。第三に、後見に関して家族に特別な地位を認めない「非家族（依存）主義」をとる一方、家族を排除するのではなく本人をよく知るものとしての協力を求めている。

れてしまう、という批判である。これは形を変えた個人モデルに他ならない。すなわち、ダイレクト・ペイメントは『あなたは受け取った自分の金で気に入ったサービスを買えばいい。しかし、そのことで馬鹿げた不平不満をわれわれにこぼすのはやめてくれ』という国や地方自治体の放言を容認するシステムとなり得る可能性を内包している」（田中耕一郎 二〇〇五、一五八頁）と指摘している。つまり社会的ケアに関する権利（現金給付）を付与することまでが公的責任であり、それ以上のことは個人が解決すべき問題、あるいは住民の互助で解決すべき問題となるのである。そしてこうした自己責任の強調は、新自由主義の台頭ともあいまって、多くの人にとって説得力のある言説として受け取られているのである。

しかし、なぜ社会的責任を権利の付与に限定することが問題なのだろうか。それは、障害者などのマイノリティを排除してきた社会構造を変革せずに、排除の代償としての現金給付で問題を解決したと正当化するからである。田中耕一郎はこの点を、「消費者主義の導入によって解放された自分たちを待っているのは、自分たちの〈異質性〉をよりソフトに処理する別のシステムに過ぎないのではないか。しかもこの洗練された消費システムは、一見、『消費者としての権利』という名目で、自分たちの〈当事者性〉を尊重する素振りをみせつつも、〈障害〉という〈異質性〉が本来的に有しているであろう衝撃や豊穣な意味を、支配的価値が席巻する社会に直接に響かせない緩衝システムとして機能するのではないか。すなわち、自分たちの障害者運動が志向してきた健常者社会の変革という目的が、このシステムによって換骨奪胎されるのではないか」（田中耕一郎 二〇〇五、一六三頁）と指摘している。また岡部耕典は、「『支援する客体』という当事者概念を反転させるために『自律した個人』という当事者概念を選び取ってしまった／選びとらざるをえなかったことは、自立生活運動において今後の大きな課題となるだろう」（岡部 二〇一五、一三頁）とも指摘している。

こうした戸惑いや懐疑を克服するためには、社会契約説の市民像ではなく社会連帯論の市民像に転換する必要があるのではないだろうか。社会連帯論は、すでに社会が存在することを前提にするが、社会という環境が人間の存在を規定するという「決定論」を否定し、人間は社会を変えることができ、自然連帯を正義に適う社会連帯にすることができると論じる。つまり、これまで「社会的弱者」と位置づけられていた人々を排除してきた社会構造を脱構築し、排除されてきた人々を包摂し、相互に依存する市民の関係を正義に適うものに再構築[*23]することは可能であり、また正義という観点からもなす

*22 障害者団体からのダイレクトペイメント（パーソナルバジェット）への批判としては、制度対象の制限や支援システムの欠如に関するもの、専門家によるニーズアセスメントが残されていることなどがある（田中耕一郎 二〇〇五、一五七－五八頁）。このほかにも、もともとダイレクトペイメントを可能にした準市場化が、福祉国家の費用抑制を目的としたこともあり、費用抑制が拡大するというものや、ケアの提供者の労働市場における立場の不利さを指摘するものがある（森川 二〇〇一、一一五－一七頁）。

べきなのである。すべての市民の社会参加の平等性こそが正義のもっとも一般的な意義なのである（フレイザー 二〇一三、二二四頁）。

とすれば社会的責任は、市民に権利付与することに留まらないのであって、市民間の関係を正義に適うものにすることも含まれる。「社会福祉」は、社会の責任において、排除してきた人を包摂し、正義を実現するための新たな制度として位置づけ直す経路がここに開かれている。

小括

「社会福祉」の対象者を「社会的弱者」と位置づけたことへの批判への応答としては、対象者を市民と位置づけ直すノーマライゼーションや、対象者を消費者と位置づけ直すパーソナライゼーションが提起された。特にパーソナライゼーションが提起した消費者として「選択とコントロール」を実現することは、新しいサービス提供の理念として提唱されるようになっている。

このように消費者の位置づけを、理論的に推進する役割を担ったのは、イギリスやアメリカを中心とした障害者運動が提起した「社会モデル」であった。障害の次元を、心身のレベルと社会のレベルに分離し、後者がもたらす不利益によって社会から排除されている問題を解決する責任が社会にあることを主張したのである。このことは社会連帯論が、社会的不正義の問題と見なさなかった自然的不平等を、社会的な不平等の問題としてとらえ直したと言える。そして「社会モデル」の考え方は、障害者に留まらず、多くのマイノリティが置かれている問題を、社会問題化することが可能であると言えよう。

なお、自ら社会サービスを「選択とコントロール」することが困難な人については、個々に後見制度が対応することになる。社会的弱者に対する社会的後見から、個々への個人的後見に移行したのである。

このように消費者として「福祉」の対象をとらえれば、「社会福祉」という「福祉」を解体して、一般社会サービスの「福祉」に統合することも可能である。しかし対象を消費者としてとらえることは、自立した市民が自らの権利を行使するといった新自由主義的な市民像と親和性が高い。こうした市民像の問題点は、社会的責任を権利の付与に限定することである。マイノリティを排除してきた社会構造を変革せずに、排除の代償として財を給付することで社会的責任を果たしたと見なしているからである。

*23 「社会福祉」サービスの受給者を市民と見なすノーマライゼーションは、障害者がノーマルな生活をするための社会環境の再構築（バリアフリーなど）を含んでいる。しかし次節で述べるように、いかなる社会構造が障害者を排除してきたのかという分析はなく、またノーマルであった標準的な生活そのものが不確実になっていることを考えると、ノーマライゼーションを現代の「社会福祉」を基礎づける根拠にすることはできない。

とすれば権利の付与に留まらず、本来社会連帯論が前提としてきた市民間の関係の不正義を問い、排除を生み出した社会構造を脱構築し、正義に適う関係で包摂するための「新しい社会福祉」の理論が必要なのである。

3　「新しい社会福祉」による「秩序再構築型福祉」の可能性

本節では、これまで批判されてきた「秩序維持型福祉」としての「社会福祉」から、市民間の関係の不正義を問い、排除を生み出した社会構造を脱構築し、正義に適う関係で包摂する「秩序再構築型福祉」としての「新しい社会福祉」の理論を検討する。

資本制と家父長制

まずこれまで「社会的弱者」と位置づけられていた人々を排除してきた社会構造から検討しよう。それは資本制と家父長制である。

資本制がもたらす階級対立（労働者への社会的排除）に関しては、社会連帯論が脱構築し、包摂した。しかし資本制が、労働者以外の人に、どのような社会関係上の影響（排除）を与えているかについては、社会連帯論はその排除を自然的不平等の問題と見なして、正義の議論の対象外にしている。それ

図1

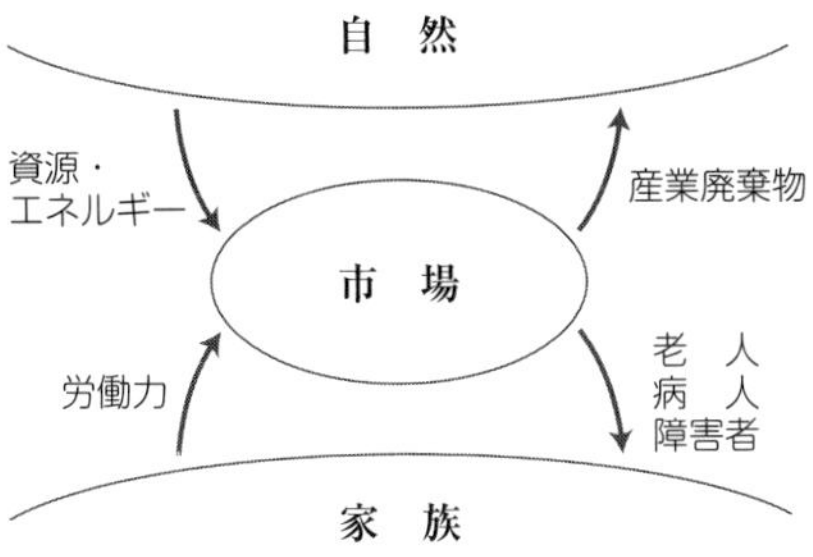

出典：上野（1990），8頁。

に対して、障害の「社会モデル」は、資本制こそが障害者を排除する社会構造や価値規範を生み出したことを明らかにした。さらに重要な分析をしたのが、家族と資本制との関係を明らかにしたフェミニズムである。

資本主義社会の問題点を鋭く指摘したのはマルクスであった。しかしマルクスの分析は、資本制を商品交換様式がもたらすシステムとしてとらえようとしたため、国家の存在を意図的にカッコに入れ、その影響を分析できていないとの批判がある（柄谷 二〇一〇、二六一頁）。しかしマルクスが、分析の対象から外したのは国家だけではなかった。商品交換の場である市場の外部にある「自然」と「家族」についても分析の対象としていない。市場の外部にある「自然」と「家族」が市場に対して果たしている役割を焦点化したのは、ラディカル・フェミニスト[*24]であった（上野 一九九〇、七頁）。

上野（一九九〇、七－二三頁）は、市場と「自然」「家族」

図2

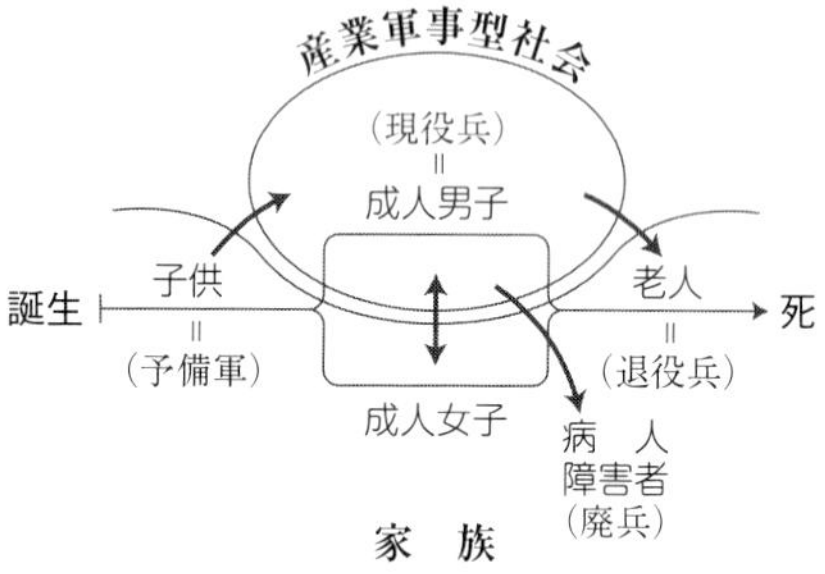

出典：上野（1990），9頁。

の関係を、図1のように説明する。これまでマルクス主義のみならず近代経済学も、市場を閉鎖系として分析し、市場の外部環境を無視してきた。しかし一九六〇年代末から「市場」経済の限界が指摘されるようになる。それは市場の外部環境との矛盾の現れであり、外部環境の存在が顕在化したのであった。

まず「自然」との関係では、「自然」は無尽蔵に資源・エネルギーを供給し、産業廃棄物を無限に自浄すると思われてきた。よって無視してよい存在であったのだ。しかし一九七三年のオイルショックが市場へのインプットの限界を、そして同時期の公害が市場からのアウトプットの限界を明らかにしたのである。すると、とたんに自然環境保護政策が、市場にとって重要な課題となったのである。

同様に、市場の外部にある「家族」という環境も、低い失業率と高い出生率を背景に、「家族」はヒトという資源を無尽蔵に供給し、労働力としての商品性が低下した老人・病人・障害者を「産業廃棄物」としてケアすることが自明視されてきた。しかし資本制の進展とともに少子化が市場へのインプットの限界を、そして高齢化が家族へのアウトプットの限界を明らかにしたのである。そして同様に市場にとって少子高齢化対策や移民政策が重要な課題となったのである。

さらに、「市場」にとって意味のあるヒトは健康で一人前の成人男子（現役兵）のことであるとすれば、子どもはその「予備軍」、老人は「退役兵」、病人や障害者は「廃兵」と位置づけられ、「そして女は、これら『ヒトでないヒト』たちを世話する補佐役、二流市民として、彼らと共に『市場』の外、『家族』という領域に置き去りにされる」（上野 一九九〇、九頁）のである（図2）。

このように社会構造の問題をとらえる立場を、上野（一九九〇、一〇－一一頁）はマルクス主義フェミニズムと呼び、資本制の階級支配による抑圧だけでなく、家父長制の性支配による抑圧の両者（家

*24 上野（一九九〇、三－一二頁）は、フェミニズム理論を三つに分類している。第一の社会主義婦人解放論は、女性の抑圧は階級支配の従属変数ととらえ、階級支配が廃絶されれば女性への抑圧もなくなると論じた。第二のラディカル・フェミニズムは、フロイトの抑圧理論を借りて、「市場」の外部に「家族」があり、その抑圧の構造を論じた。第三のマルクス主義フェミニズムは、資本制による階級支配と家父長制による性支配の両方の抑圧の構造と関係性を論じている。

父長制的資本制）の問題としてとらえている。

近代市民社会における家族の役割

市民間の関係を抑圧している構造を家父長制的資本制ととらえることによって、いかなる問題が見えてくるのであろうか。一つは家族が資本制社会において果たしていた役割が明確になるのである。

近代市民社会では、公的領域と私的領域を区別し、家族は私的領域に位置づけられた。公的領域では、市民としての自由や平等が問題となったが、実際に市民とは成人男性のことを意味した。私的領域である家族内では、家父長制が確立していった。家父長制というと封建的な家父長制と混同しがちであるが、上野千鶴子は、近代家族は「成人＝男性だけが貨幣経済へのアクセスを排他的に独占する点で『家父長的家族』であるが、家内制生産様式にもとづかない点では、伝統的な家父長制とは違っている。近代的な『家父長制』を伝統的なそれと混同してはならない。ブルジョア単婚小家族の中の『家父長制』は、『封建的』な家父長制の残滓などではなく、市場によって、かつ市場にふさわしく編成された近代的制度である」（上野 一九九〇、一七九頁）とその性格を規定している。

家族が資本制に欠かせないのは、単に市場がヒトおよびそのヒトがもたらす商品である労働力を生産できないというだけではない。本来、商品化できない労働力を商品化するという矛盾を成り立たせる制度としても、市場にとって家族は欠かせないのだ。ポランニーが指摘するように、「労働は生活それ自体に伴う人間活動の別名にほかならず、その性質上、販売するために生産されるものではなく、まったく別の理由から産出されるものであり、人間活動は生活の自余の部分から切り離すことができず、貯えることも転売することもできない」（ポランニー 一九七五、九七頁）のである。にもかかわらず、市場が、人間活動の一部に過ぎない労働を切り離して商品として擬制できるのは、家族（女性）が商品化できない無償労働を引き受け、男性の労働力を再生産して商品性を維持し、病気や障害、加齢により、商品性が低下した場合でも、そのケアを引き受けたからに過ぎない。もし家族という制度がなければ、市場メカニズムは、人間社会そのものを破壊しかねないのである。その意味では、「『自由な個人』を登場させるために、市場は伝統的な共同体に敵対し、これを産業化の過程で解体していったが、共同体が析出したのは『自由な個人』ではなくその実『自由な・孤立した単婚家族』だった」（上野 一九九〇、一八〇－八一頁）のである。

そして、家族が市場にとって不可欠な関係であったからこそ、家族は形式的には私的領域とされながらも、家族が近代家族としての機能を十分に果たせない場合、国家や社会からの介入の対象になったのである。そもそも、家父長が家族の成員に対して扶養義務を負うことが、道徳的義務から法的義務となったのは近代市民社会においてであった[*25]。なぜなら扶養が明確な法的義務となるためには、個人の所有権が確立し、家族の関係を法的に強制執行可能な債権債務関係、つまりその義務を養育費として金銭に置き換えることができなければならない。そのためには、生活に関わる品が商品として購入できる商品経済が確立することが大前提となるのである（西原 一九五八b、八三―八四頁）。

この家族の扶養義務の明確化に影響を与えたのが、公的な扶助制度である。なぜなら公的な扶助の責任を減らすために、国家は家族の扶養義務（内容とその範囲）を明確化していくのである。たとえば、イギリスで初めて家族（最初は私生児）に対する扶養義務が法的に規定されたのは、一六世紀後半の救貧法においてであった。その後、個人責任が強調された一八三四年の新救貧法において、もっとも広範に親族間の扶養義務を定めた。イギリスのほかにも、アメリカ、ドイツ、フランスにおいても、公的扶助制度の進展と扶養義務の明確化の関係が見られるのである[*26]（西原 一九五八a、四五―六〇頁）。

このように「社会福祉」制度のあり方が、間接的に家族の責任を強化するばかりではなく、より直接的に、「社会福祉」が逸脱した家族に介入したことはすでに述べたとおりである。労働者「予備軍」である児童の家族における養育や、貧困な労働者家族を支援したのも、家族が市場にとって正常に機能することが、社会的に必要であったからにほかならない。家族が労働力の商品化という矛盾を成り立たせる機能を有しているのであれば、「社会福祉」は、さらにその家族の機能を補充する役割を担ってきたと言えよう。

こうした「社会福祉」の役割は、福祉国家になり社会サービスが行われるようになっても変わらなかったことは第一節で述べたとおりである。社会サービスには、失業保険、年金保険、健康保険など、労働力の商品化の矛盾を補完する脱商品化機能を持つが、このことで家族が市場に果たしてきた機能は軽減されたとは言え、市場に対する本質的な位置づけには変化はないからである。

「第二の近代」化による家族の変容

しかしこうした家父長制的資本制も、「第二の近代」と呼ばれる状況になると、変化せざるを得なくなってきている。家父長制によって資本制を支えてきた「第一の近代」家族そのものが変容せざるを得なくなっているのだ。

「第二の近代」という概念は、ベックが提唱するものであるが、それは古典的産業社会が終焉を迎え、新しい「リスク社会」に移行することを意味する。「第一の近代」が前近代的状態を近代的状態にすることを意味したとすれば、「第二の近代」は、「第一の近代」そのものを再帰的に近代化する。

*25 ただし例外的に、帝政期のローマ法において、家長権の衰退を受け、血縁関係にもとづく扶養義務を認めている（西原 一九五八a、二一九－二三二頁）。

*26 ただし家族の扶養責任の強化や明確化が、逆に公的な支援を進めるという関係もある。たとえば、日本において、明治初期に精神病者の監督の義務を家族に負わせ、市中を徘徊させないように求めた。前時代まではさして取り締まりの対象にならなかった徘徊が、近代化とともに監督の対象になったのである。その結果、家族が監督できない病者の保護を行政が負わざるを得なくなったのである（北原 一九九五、三一〇－三二二頁）。

つまり「第一の近代」が近代化しきれなかった制度の近代化であり、家父長制による家族もその対象になる（ベック 一九九八、三二三－一六頁、山田 二〇〇四、二〇〇五、伊藤美登里 二〇一七、一一六頁）。落合編（二〇一三）は、この「第二の近代」という分析概念を家族の機能の変化に当てはめ、「第一の近代」家族から「第二の近代」家族へとどのような転換が行われたかを分析している。

まず「第一の近代」における家族とは、「親密性（intimacy）、私秘性（privacy）、家内性（domesticity）を兼ね備えた家族である。夫婦・親子といった狭い範囲の親族が、親類や近隣その他の外部から切り離されてプライバシーの世界に閉じこもり、情緒的絆で固く結び合って親密圏を作る。外の世界に出て行って収入を得るのは夫の役割であり、妻は家庭にあって家事と育児に専念する」（落合編 二〇一三、三頁）というものである。

こうした「第一の近代」における家族の確立には、「第一次人口転換」と呼ばれる「高出生率・高死亡率の社会から低出生率・低死亡率の社会への不可逆的転換」が欠かせない。西ヨーロッパや北米では一八八〇年代から一九三〇年代までにほぼ発生している。特に死亡率の低下は、人生の安定性と予測可能性を高め、標準的なライフコースが想定できるようになった。このことによって誰もが結婚し、誰もが自らの家族に属するという「第一の近代」の家族が可能になる人口学的条件が成立したのである（落合編 二〇一三、七頁）。

これに対して「第二の近代」においては家族の安定性が失われ、家族を持つか持たないかは選択の問題となる。こうした家族の不安定化は「第二次人口転換」をもたらした。「第一次人口転換」は低出生率をもたらしたが、人口置換水準程度に保たれていた。しかし一九六〇年代末になると北西ヨーロッパをはじめとして再び出生率が低下し、人口置換水準を割り込むようになった。これと並行して離婚率が上昇し、不可逆的と見えるほど継続していることから「第二次人口転換」と呼ばれるようになった（落合編 二〇一三、七－八頁）。「第二次人口転換」が生じた理由は、一九七三年のオイルショック以降の長期的な経済不況に伴い、「第一の近代」の家族を支えてきた女性の「主婦化」が経済的に許されなくなり、女子労働力率の上昇が生じたことによる。さらに高齢化による生産年齢人口の減少も女性の労働力化を促し、ジェンダー分業の緩和をもたらした（落合編 二〇一三、九－一一頁）。

こうした「第二次人口転換」に見られる変化は、社会における家族の位置づけを大きく変えることになる。まずヨーロッパにおいては、法的な結婚をしない人が増加し、いつの時期にパートナーを持つのか持たないのか、子どもを持つのか持たないのかはライフスタイルの問題となり、婚外子として生まれる新生児の割合は、スウェーデン、ノルウェー、フランスでは五〇％を超えているのである。とすれば「第二の近代」においては、社会の基本単位は家族ではなくなり、個人となるのである（落合編 二〇一三、八頁）。

家族の「個人化」がもたらすもの

社会の基本単位が個人となることは、家族が消滅することを意味するわけではない。家族そのものが「個人化」するのである。ベックは、「第一の近代」から「第二の近代」に至る家族の「個人化」を次のように分析している（ベック 一九九八、二一三－一六頁）。「第一の近代」家族における性別分業は、封建家族から労働（生産）と生活（消費）を分離した産業社会において必然であった。封建社会から解放され「個人化」したのは男性（最初はブルジョワジー層の男性だけであり、福祉国家政策によって労働者階級の男性にも拡大した）だけであり、女性は「身分に付随した宿命」として家事労働が割り当てられた。しかし近代化や産業化の普遍主義は、男女の不平等を問題化し、やがて女性の「個人化」が進展する。女性の「個人化」は家族の「個人化」を意味している。性別分業や家族形成に関わる規範は弱くなり、家族のありようは選択すべきものになり、解消することも可能になる。しかしこうした家族の「個人化」は、家族に関わる問題を選択可能なものにしたことで、産業社会が性別分業による家族を必要としていたという矛盾は、個人が解決すべき問題（自己責任の強化）に転化されるのである。

先に述べたように、一九世紀の産業化の進展は「貧困の大衆化」をもたらし、児童や女性の低賃金労働をもたらし、飲酒、暴力、売春、非嫡出子や捨て子の増加などの道徳的退廃をもたらし、社会そのものの解体の危機をもたらした。それを防ぐために近代的な家族モデル（「第一の近代」家族）が創設され、「社会福祉」は近代的な家族になることを援助するためにスタートしたのであった。しかし「第一の近代」家族が、ジェンダー間の不平等を前提にしており、かつ家族の「個人化」により「第二の近代」に移行するのであれば、「社会福祉」の社会的位置づけも、「新しい社会福祉」に当然変わらざるを得なくなるのである。

そのことを論じる前に、そもそも「第二の近代」への移行、そして家族の「個人化」は、北米やヨーロッパの問題であり、家族主義の強い東アジアでは該当しないのではないかという疑問について検討しておこう。

実際、東アジアでは、法的な結婚をせずに同棲する人や婚外子の出生は少ない。ただしその一方で出生率は劇的に低下し[*27]、離婚や初婚年齢、生涯独身率が上昇している。日本を除く産業化が遅れた東アジアの諸国では、グローバリゼーションによる急激な産業化が進展した結果、「第一次人口転換」に連続して「第二次人口転換」が生じた。安定的な「第一の近代」家族を経験することなしに「第二の近代」に突入しており、「圧縮された近代」と呼ばれる状況に至っている。つまり家族主義という前近代的な規範は強固に残っているものの、女性の就業なども同時に進展したため、「第一の近

*27　東アジアの合計特殊出生率は、香港〇・九八（二〇〇七年）、台湾一・一二（二〇〇六年）、韓国一・一三（二〇〇七年）、シンガポール一・二五（二〇〇七年）である。

代」家族の性別分業による家事労働を女性が担うことはできない。そのため、代わりの家事介護労働者（主に外国人女性労働者）を労働市場から調達するか、家族を解消（離婚）するか、家族を形成しない（非婚）という戦略をとらざるを得ない。こうした東アジア諸国の置かれている状況は、個人主義なき家族の「個人化」が進展しているのである。一方で日本は、ヨーロッパが約五〇年経験した安定的な「第一の近代」家族期を約二〇年経験しており、その意味では「半圧縮された近代」と呼べる状況となっており、東アジア諸国とは異なる展開をしているが、家族の「個人化」は同様に進んでいる（落合編 二〇一三、六二-九四頁）。いずれにせよ、家族主義という規範を強化する保守主義の戦略は、女性の「個人化」、そして家族の「個人化」が不可避な状況では、家族から逃避する者を増加させるだけなのである。

フェミニズムによる公私区分への批判

家族の「個人化」が進み、家族主義という規範が弱体化すれば、近代的家父長制の問題も解決するだろうか。

確かに家族の「個人化」によって、女性の就業による社会参加が高まれば、女性が主婦として担ってきた家事労働やケア労働を社会化、あるいは市場化することは避けられない。さらには女性がケアすることも「個人化」し、男性を含む家族がケアすること、あるいはケアをしないことも選択できるようにすることも必要になろう（森川 二〇〇八）。このようにケアに関する家族の責任を軽減し、家族へのケアの依存を少なくすることを脱家族化と呼ぶが（エスピン＝アンデルセン 二〇〇〇、八六頁）、脱家族化が進展すれば、フェミニズムが問題化した家父長制における女性の抑圧のある部分は軽減することになる。

しかしフェミニズムによる家父長制への批判は、家族における性別分業によるケアの問題だけではない。女性を私的領域である家族に閉じ込め、公的領域から排除してきた公私区分そのものを問題にしているのである。つまり、男性であることを自明視して作られた公的領域のあり方を問い直すことなしに、単に脱家族化により女性を家族から解放しても問題は解決しないのである。

フェミニズムが批判する公私区分には、国家と市民社会の間にある公私区分と、国家・市民社会と家族の間にある公私区分の二つがある。

まず国家と市民社会の間にある公私区分については、そもそも女性の存在を無視し、男性世界内部での区分にしかなっていないことを批判している（キムリッカ 二〇〇二、三九〇－四〇〇頁）。この区分を重視するのはリベラリズムであり、社会契約説で見たように、市民社会を私的な自由な領域と位置づけ、国家を公的で強制力を独占する領域ととらえる。市民社会での自由に他者と関係を形成する社会生活を賛美し、その自由を保障するために必要最低限の範囲で国家の領域を認める。しかしこのリベラリズムの世界観には、あたかも成人男性が突如出現して社会を形成するかのようであり、女性が担う市民の育成に必要な労働は忘れ去られている。さらに、市民社会はリベラリズムが賛美するように安定した自己調整的なものではない。市民社会から排除されてきた成人男性以外の人は、支援なしには市民社会に参加できない。さらに「個人化」が進展した「第二の近代」以降は、すべての人が自由に自らの人生を選択することが強制されるが、それを可能にする諸資源を持ち、その自由を謳歌できるのはごく一部の人である。多くの人は、人生の非連続性や不確実性の脅威に対処することが困難なのであり、社会は二極化しつつあるのである（カステル 二〇一二、五二五-四二頁、伊藤美登里 二〇一七、八九-九二頁）。

次に、国家・市民社会と家族の間にある公私区分については、「個人的なことは政治的である」というスローガンに見られるように、家族を「自然」で「前政治的」なものとする考え方を批判している（野崎 二〇〇三、五七-六一頁、田村 二〇〇九、七〇-七二頁）。この区分を重視するのは、プライバシーや親密性を尊重するロマン主義者である。リベラリズムの社会の賛美に対して、社会が有する同調圧力を問題視し、他者の目に過剰にさらされることに対抗するために、私的な空間としての家族などを重視するのである（キムリッカ 二〇〇二、四〇〇-〇八頁）。しかし家族は、単なる親密な空間ではなく家父長制による男性支配の空間なのだ。この家族内における男性による女性支配、そして性別役割分業は、決して自然な性差にもとづく当たり前のことではなく、女性の社会参加を妨げているという点で政治的な問題なのである。

これら二つの公私区分への批判は、いずれの区分もその見直しを迫るものなのである。そしてこの二つの公私区分を見直すことは、女性に限らず、社会的弱者として社会から排除されてきた人々や、「第二の近代化」によって生活基盤がぜい弱化し排除される人と、社会との関係を問い直すことをも意味している。これらの人々を排除しない公私区分のあり方を検討することが、正義に適う市民間の関係を取り戻し、社会的に包摂するために必要な「新しい社会福祉」の役割を明らかにするのである。

なぜ公私区分がなされたのか

公私区分を再検討するにあたり、そもそも公私の区分が歴史的になぜ必要とされたのか、確認してみよう。

公的領域と私的領域の分離が最初に行われたのは、古代ギリシャのアテネにおける直接民主制においてであった。成人男性市民が全員参加でポリスの運営にあたったが、そこでの議論は自らの家柄や利害から離れて、いったん「関係のない他者」となって公的領域に参加し、ポリス全体の利益にもとづいて判断することが求められた。つまり他者からの支配や個人の利害を超えて自由に活動する領域が、公的領域として切り取られたのである。この公的領域における活動の自由、そして他者から支配されず、また他者を支配しないという意味での平等を実現するためには、公的領域の外部、つまり私的領域である家族において、生活のための必要性が満たされなければならない。生活の必要性が満たされているからこそ、自らの利害を超えた公的領域への参加が可能になるのである。そして家族に残された女性や奴隷は、成人男性市民に支配される不自由で不平等な空間に位置づけられたのである（Arendt 1958＝1994：49–54）。

次に公私区分が必要とされたのは近代市民社会である。近代市民社会でも民主制に伴い公的領域が必要とされたという点では同じであるが、大きな違いは、ポリスの時代にはなかった社会という領域が加わったことである。ポリスにおいては、国家と家族の二分であったが、市民社会においては国家と家族の間に社会が誕生した。というよりは、ロックの社会契約説に見られるように、国家よりも先に社会（自然状態）が存在すると見なし、市民の契約によって国家が誕生すると位置づけたのである。社会は、ポリスの時代に家族が担っていた生産活動のうち、商品化できる労働を自由労働市場の中に引き受け、国家の原理であった自由に新しい意味づけをし、自らの原理とした。ポリスにおける自由は、ポリスの繁栄という共通の善のために、国家において自由に意見を言うことであった。しかし近代市民社会においては、自由とは、自らの幸福（善）を主体的に追求することであり、他者から侵害されない排他的な財産を持つことであった。つまり自由は、他者から幸福（善）のあり方を強制されない（個人の幸福追求権の保障）と意味づけられたのである（キムリッカ 二〇〇二、三九〇–九一頁）。そしてこの社会における自由を保障するために、国家（政府）が作られ、国家は市民が社会で自由にふるまえるように、抽象的他者を想定して法を定め、それにもとづき平等に権利を付与することが重要な役割となったのである。

そして家族は、「具体的な他者の生への配慮／関心を媒体とするある程度持続的な関係性」（齋藤純一 二〇〇八、一九六頁）により形成される親密圏と位置づけられた。このことは家族が、女性によって商品化されなかった労働（家事・ケア）を担う空間とされただけではなく、男性にとって女性から愛にもとづく生への配慮／関心を受けることによって、市民社会の過酷な競争から一時的に退避できる、外部から閉じられた癒しの空間と位置づけられたことを意味する。

以上のように整理してみると、公私区分の問題が、古代のポリスにおいて国家と家族との区分であったものが、近代市民社会において、国家と家族の間に社会が加わることによって、国家と社会の区分と、国家・社会と家族の区分に分離したことがわかる。前者の区分は国家という公的領域をいかに確立するかに関心があり、後者の区分は家族という私的領域をいかに確立するかが問われているのである。そしてそれぞれの区分において、市民社会は公的領域にも私的領域にも位置づけられている。それぞれの公私を分ける意義を再検討しながら、それによって「新しい社会福祉」がどのように位置づけられるかを見てみよう。

「共約可能な公」とその主体像

まず国家と社会の公私区分は、何のために必要なのだろうか。古代のポリスにおいても、近代市民社会においても、国家という公的領域を設定する必要性は、まず市民に共通する問題を議論するためである。

市民に共通する問題に対する意思決定の方法としては、多数決がある。その際、個々の市民が自己の利害にもとづいて判断するとすれば、多数派の選好であることが、その決定の正当化の根拠になる。しかし私たちは、単に自らの選好を表明するだけでなく、他者の意見を聞くことによって、自分の利害とは異なる判断をすることもできる。そして、こうした議論をするうえでは、自己の利害を考慮せず普遍的な価値にもとづく論理で語らなければ説得力を持ち得ない[*28]。そのもっとも説得力を持つ論理が平等である。なぜなら「社会的なことがらに関する倫理的根拠が何らかの妥当性を持つためには、その根拠はある側面ですべての人々に等しく基本的配慮をしなければならない。もしそのような平等性がなければ、その理論は恣意的に差別を行っていることになり、正当化することが難しくなる」(Sen 1992 = 1999: 23)からである。つまり国家という公的領域とは、そこに所属する者(国籍を持つ者に限定するか、居住する者を含めるかの議論はおくとして)に共通する事柄を議論する場であり、そのためそこでの議論では、個別の利害から離れた抽象的な他者を主体と想定して、平等性に配慮した議論が求められたのである。このような公的領域を、国家・社会と家族の公私区分と分けるために「共約可能な公[*29]」と呼ぼう。

しかしフェミニズムは、この論理が女性の存在を無視していると問題を提起した。この平等性の論理の前提となる主体像は、具体的な社会的文脈から遊離することによって普遍的な包括性を有している。対象が男性であろうと、女性であろうと、その違いがないものと見なして、同じように適用されることが平等なのである。しかし女性を排除している社会構造を不問にして、単に同じように適用するだけでは、女性が不利な状況は何も変わらない。抽象的な他者を主体と想定していると言いながら実質的に男性を想定しているのである（野崎 二〇〇三、一五−二〇頁、岡野 二〇一二、九四頁）。

ではどうすればよいのだろうか。まず、抽象的な他者と規定することで、男女間の社会的差異を捨象していることについては、前節で障害の「社会モデル」で論じたように、自然的不平等の社会的側面に着目することで、男女というカテゴリー間の社会的不平等の問題ととらえることができる。一般的他者の平等性を前提とするのではなく、社会的不平等の状況を前提とすることで、その不平等の是

*28 田村（二〇〇九）は、政治が単なる私的利益実現のための活動に還元され、公が私的な利益を集計することになることを批判したうえで（三四−三六頁）、公私区分の見直しの方向性として、他者の立場を考慮に入れ、自身の私的な利害から距離をとった「判断」や「説明責任」が関わる「活動様式」として公を位置づけている（九一−九五頁）。

*29 公共性に、この「共約可能な公」と最後に述べる「現れとしての公」の二つの次元があることを指摘したのは、齋藤純一（二〇〇八、一〇一−一二四頁）である。

正を正当化できるという社会連帯の論理を拡張すればよいのである。

「共約可能な公」の市民社会への拡張

しかしこのように社会連帯の論理を拡張しても、「共約可能な公」の領域をこれまでのように国家だけが担うとすれば、その効果は限定的である。国家の枠の中でも社会連帯論の論理を拡張すれば、女性や障がい者などへの市民社会における差別を禁止し、社会参加に必要なケアを権利として付与することは可能である。だがそれだけでは、パーソナライゼーションの検討で明らかになったように、その権利をどのように実質的に行使して問題を解決するのかは、自己責任の問題となってしまう。国家は市民に権利を付与し保護するだけで、後は市民が市民社会の領域で自由に自らの幸福を追求すればよいという前提は変わらない。しかし市民社会の構造は、成人男性で障害がなく、民族的マイノリティなどではない、社会的マジョリティの人たちを前提に作られており、社会的排除をされやすい属性を持つ人々が不利な構造は変わらない。よって国家の領域だけでなく、市民社会の領域にまで平等性を基盤とする共約可能な公的領域の論理を拡大し、市民社会における社会的排除に対処しないと、市民社会における平等な参加は実現できないのである[*30]。

とはいえこれまで自由な領域とされていた市民社会に、平等性を基盤とする「共約可能な公」の論理をどのように持ち込めばよいのだろうか。国家の領域での議論はあくまで抽象的他者を前提にし、そこで合意された権利は平等に付与された。そして市民社会でその権利をどのように行使するかは、市民個々の自由であった。つまり市民社会は、具体的他者が自由に出会う空間である。その空間で平等の論理を展開すると、他者の自由を制限することになるのではないだろうか。たとえば、女性や障がい者が社会的に排除されているからといって、すべての人が結果として等しく社会に参加することを求めれば、それは人々に過剰な同一化を求めることになり、強制動員による全体主義国家と変わりなくなる。市民社会の自由と、社会的排除の不平等の是正を両立させなければならないのである。

さらに、「個人化」が進展した「第二の近代」においては、そもそも自由に人生を選択できること自体が特定の能力や資源を有している者に限られてしまう。性別、障がい、民族などといった特定の属性だから排除されるのではなく、人生の非連続性や不確実性の脅威に自己責任で対処することができないが故に排除されることになる。[*31] とすれば支援の必要性は、属性カテゴリーによって判断するのではなく、個別の事情を個々に判断して行わなければならない。しかしそうした個別性への配慮と平

[*30] 齋藤純一は、「人々の生活を保障する上で国家は公共性の重要な一次元をなすけれども、共約可能とみなされるニーズのすべてが国家を媒介として充たされるわけではない。(中略)それは、私たちがどのような生を生きようと痛切に必要とするものではあるけれども、権利としては要求できない価値、法的言語には翻訳しがたい必要」(齋藤純一 二〇〇八、一一三頁)が存在することを指摘している。

等の論理をどのように結びつければよいのだろうか。

基本的ケーパビリティの平等

こうした問題に対する一つの解答が、アマルティア・センが提唱した基本的ケーパビリティの平等である。

ケーパビリティ（capability）とは、潜在能力と訳されることもあるが、生き方の幅と意訳されることもある。ケーパビリティを構成するのは、機能（functioning）であり、「適切な栄養を得ているか」「社会生活に参加しているか」といった実際の状態や行動を意味する。そしてこれらの機能の可能性の集合体がケーパビリティである。ケーパビリティは、実際に行ったことや現在の状態の集合ではなく、個々の人において、どのような生活（機能）が選択可能かという集合を意味し、個人の自由を表すものなのである（Sen 1992＝1999：59–60, Sen 1993＝2006：59–61, 岩崎 一九九七、一九九八、後藤 二〇一七、四九–五七頁）。よって社会で生活するうえで誰もが必要とする基本的な諸機能に関するケーパビリティの平等を焦点化すれば、市民社会で自由に生活するうえでの基本的な機会の平等が実現できる。

このようにケーパビリティに着目することによって、どのような利点があるのだろうか。

第一に、ケーパビリティを評価する空間を、市民社会における人のウェルビーイングの次元に限定することで、平等の論理を適用できている。

市民社会は個々が自由に自らの福祉を実現する空間であり、共約してはいけない空間と認識されてきた。だが、センは、人を評価する次元として、その人の存在状態の良さを客観的に評価するウェルビーイング（Well-being）の次元と、その人自身の生きる目的や価値で評価する次元であるエージェンシー（Agency）の次元を区別した。そして前者は共約可能であるが、後者は共約不可能な次元であり、国家や市民社会が責任を持つのは前者であると論じている（Sen 1992＝1999：85–113, 1993＝2006：66–68）。人は自らの人生を歩む主体であるエージェンシーとして固有の目的（エベレストに登りたいとか、難民を助けたいとか）を持っており、その目的がどれだけ達成できているかが自分の幸福に大きく関わる。しかしウェルビーイングの次元は、エージェンシーとしての目的に関わりなく、「適切な栄養を得ているか」などの機能の可能性を評価するものである。これらの機能は、すべての人が

＊31　カステルは、社会の「個人化」が進展することにより、より多くの援助を必要としているのに、自由主義イデオロギーは、自律した責任ある存在であることを求める。独立のための諸条件を有する者と、それを持たない者を同等に扱うのは、逸脱した平等原理の適用であると指摘している（カステル 二〇一五、二五一－五二頁）。またブルジェールは、社会の「個人化」の進展が社会権の普遍性の原則の妥当性を低下させていると し、社会権を個別化・具体化させるために、国家が市民社会の諸団体と協同する必要性を指摘している（ブルジェール 二〇一六、五五－五八頁）。

必要としている機能として共約可能であり、よって平等の論理が適用可能なのである。

第二に、ケーパビリティは、機能そのものの集合ではなく、機能の実現可能性を評価することで、市民社会の自由原理と矛盾しない。

基本的ケーパビリティの平等が実現しても、人はそこに含まれている機能を実行しない自由も有している。たとえば、医師として十分な生活ができるにもかかわらず、自らの福祉の水準を低下させても、貧しい国に赴いて医療活動をする場合、エージェンシーとしての幸福度は上がるものの、ウェルビーイングの機能の水準（食事・安全・住居などの実現できている生活水準）は明らかに低下している。よって評価の基準を基本的な機能にすれば、このような医師の行為は不合理ということになる。しかし医師が、母国に帰って従前の生活を送る自由を有している限り、この医師のケーパビリティ（生き方の幅）は下がっていないのである。つまり機能ではなく、ケーパビリティに着目することで、エージェンシーとして自由に幸福を追求することと矛盾せずに、社会的不平等を問題化できるのである。

第三に、ケーパビリティは、人と環境の双方に関わる要因を評価することで、個別的な差異の評価を可能にする。

ケーパビリティを左右するのは、単にアクセス可能な資源の多寡（環境）だけではない。その資源を使って機能を実現する個人の能力にも関係している。清潔で安全な住居にアクセス可能であっても、移動に障がいがある人にとってはバリアフリー化したり、必要な介助者がいない限り、住むという機能の実現可能性は低い。その人を取り巻く環境、本人の能力、さらに機能を実現するうえで助けとなる支援を、具体的な生活場面で評価することで、個々が抱える具体的な困難（自由度）を評価することが可能なのである。

ただしセンは、主体としての自由という問題は、主体としての責任の問題と関係しているので、意思能力が十分に発達していない児童や、その能力に障害を有している知的・精神的障害を有する人の場合、「福祉的自由」よりも「福祉的達成」が重要になると述べている（Sen 1985: 204）。だがケーパビリティという概念は、個人の機能の実現可能性を問う概念であり、意思決定の支援を受けることで、機能の実現可能性が高まることを考えれば、児童や知的・精神的障害者を除外する必要はないのである[*32]（岩崎 一九九八）。

よって社会で生活するうえで誰もが必要とする基本的な諸機能に関するケーパビリティの平等を、「共約可能な公」の評価基準[*33]にすれば、市民社会で自由に生活するうえでの実質的な機会の平等が実

*32 ただし、意識を失っている状態など意思決定支援すら行えない場合は、後述の個人の尊厳としての人権保障の問題となる。

*33 センは、評価の目的に応じて評価の対象は変えるべきであり、潜在能力アプローチを基本的な潜在能力の分析だけに限定されるものではないと指摘している（Sen 1993 = 2006: 89 note33）。

現できる。

ただ何をもって基本的な諸機能とするかは議論が分かれるところである。センは、すべての社会で人々が合意可能な基本的な諸機能のリストを設定することには否定的である。それぞれの社会において、構成員の評価序列の一致する部分を見出すことを求めている（Sen 1993＝2006：66‒70, 79‒83, 岩崎 一九九七）。これに対して、ヌスバウムは普遍的な価値を擁護する観点から、一〇の領域（生命、身体的健康、身体的保全、感覚・想像力・思考、感情、実践理性、連帯、自然との共生、遊び、環境のコントロール）にわたるリストを提案している（ヌスバウム 二〇〇五、九二‒九五頁）。齋藤純一は、基本的な諸機能を、「人として」の諸機能、「社会的協働への参加者として」の諸機能、「市民として」の諸機能の三つの領域に分けて例示している（齋藤純一 二〇一七、一四三‒一四四頁）。野崎はセンのように政治的なコンセンサスにすると、少数者の意見が反映されないと批判している（野崎 二〇〇三、四六‒四八頁）。

しかしもっともやっかいな問題は、基本的ケーパビリティの平等の適用範囲である。平等を実現するために財の再分配を行い、相互承認のルールを作れば、必ずどの範囲に適用するのかが問題となる。グローバル化が進展し、人の流動性が高まる状況や、難民など庇護を求める人への処遇の問題など、「だれ」をメンバーシップとするのか、「いかに」その基準を策定するのかが、解決すべき正義の問題なのである（フレイザー 二〇一三、一九‒四二頁）。

このように検討すべき点はあるものの、基本的ケーパビリティの平等に着目することで、「第一の近代」において「社会的弱者」として排除されてきた人や、「第二の近代」化で強制される人生の選択に対処できずに排除されてきた人を、共通の理論枠組みで不平等の問題としてとらえることが可能になる。まさに排除を生み出している社会構造を脱構築し、正義に適う関係を構築する（「秩序再構築型福祉」の成立）ために必要な視点を与えてくれるのである。よって「新しい社会福祉」を正当化する根拠の一つが、基本的ケーパビリティの不平等の是正なのである。

国家・社会と家族の公私区分の必要性

では次に、国家・社会と家族の公私区分の検討を行おう。まずこの区分を重視する立場は、社会が抱える負の要素に着目する。リベラリズムにとって社会は、自らの幸福（善）を追求できる自由な空間であった。しかし社会はそうした側面ばかりではない。社会そのものが、人々に何が正常な行為であるかを示し、画一的に同調するように求めるという側面がある。アーレントは、社会のそうした側面を指摘した一人である（Arendt 1958＝1994：59–103）。資本制が進展し、社会における活動の大部分を市場が占めるようになると、利己的な欲望を満たす行為（労働）が人間の活動の中心となる。本来人々の善の構想は共約できないからこそ、社会を自由な領域として設定したはずなのに、実際には画一的に私有財産を増やすことを人々は求めるようになる。また社会は、正常と異常を区別し、社会の成員としてふさわしい正常な行動を求め、異常を矯正する。このような社会の画一主義に抵抗する空間として親密圏が求められるようになったのである。そして近代的家父長制が確立されていくにつれて、家族は親密圏として認識されるようになっていったのである（キムリッカ 二〇〇二、四〇〇-〇八頁）。

とすれば国家・社会と家族の公私区分は、国家・社会は常に他者からの評価に晒される開かれた空間という意味で公なのであり、家族は他者の評価から閉じられた空間であるという意味で私なのであり、「親密圏としての私」の確立が課題なのである。

しかしフェミニズムは、家族を親密圏と見なすことの問題を提起した。家族を親密圏として保護することと自体が、家庭内における男性の近代的家父長制支配を隠蔽し保護することになり、女性の社会参加を妨げているからである。では家族の「個人化」が進展し、あわせてケアの社会化などの脱家族化が進み、女性が家族の束縛から解放されれば、親密圏はどうなるのであろうか。家族という親密圏を形成することの自明性が喪失し、家族を形成するか、継続するかが選択すべきことになる。またDV（家庭内暴力）などの場合には、親密圏から退出する自由の保障も問題となろう。さらには異性愛を前提にした結婚制度も変容が迫られ、多様な家族形態が顕在化する可能性が大きくなっている。つまり家族の親密圏としての価値が相対化され、それ以外の多様な親密圏の重要性が認識されるようになる（齋藤純一 二〇〇八、一九一-九七頁）。

親密圏を喪失した者への支援

だが親密圏の問題は、家族以外にも親密圏の範囲を拡大し、多様な親密圏の形成を促すことだけでは解決しない。より深刻なのは、「個人化」の進展により親密圏を持てない人が増大することである。[*34]また一見すると親密圏があると思われていても、DVなどの暴力的な支配により、親密圏が承認ではなく存在否定をしている場合も、実質的に親密圏を喪失している者と言えよう。

親密圏を喪失することはどのような意味を持つのだろうか。齋藤純一はこの点を次のように指摘している。「生-権力は、有用と目される人々を積極的に生かす権力であって、そうでない人びとに社会的な生を自動的に与えるわけではない。（中略）社会化が求めるものとのたまさかの不適合はしばしば自らの本質的な欠陥へと翻訳され、自ら自身を責める苛酷な態度を人々に取らせる。社会的な承認の剝奪を自己蔑視、自己否定へと繋げているこのような呪縛は、自分自身の力だけでは解きがたいものである」（齋藤純一 二〇〇八、二〇五-〇六頁）。とすれば、社会からの承認が剝奪され自尊感情を深く傷つけられた人にとって必要なのは、社会的有用性による評価ではなく、自らの存在そのものを

*34 ブルジェールは、親密圏を喪失した者を「脆弱な人」と呼び、「自律する能力を与えられていない（あるいはもはや与えることが出来ない）個人」（ブルジェール 二〇一六、一一八頁）と定義している

全面的に承認してくれる親密圏なのである。「その承認は、人間の生は脆弱であり、損なわれやすいという認識とも結びついているだろう。無視されていない。排斥されていない。見棄てられていないという基本的な受容の経験は、人々の『間』にあるという感覚や自尊の感情を回復させ、社会が否定するかもしれない生の存続を可能にすることもある」のである（齋藤純一 二〇〇八、二〇六頁）。

確かに、社会から否定的な評価を受け極度に自尊感情が低下した人にとって、あなたは基本的ケーパビリティの平等が実現されており、自由だと言われても、新たな自らの善の構想を立てる気力すらない場合もあろう。まずその人を支える親密圏が必要なのである。しかし「親密圏としての私」を提供することは、「共約可能な公」の問題と言えないのではないだろうか。また「親密圏としての私」に公的な介入を認めれば、それは閉じている空間としての親密圏の破壊になるのではないだろうか。しかし「共約可能な公」として位置づけられないのであれば、それは共約できない以上、個々人の自由の問題である。親密圏を喪失した者の苦しみに応答するもしないも個人の自由であり、社会の責任として関与すべき問題ではなくなる。しかし親密圏の喪失が、放置できない社会問題であるとすれば、何らかの論理で「共約可能な公」の問題として位置づけなければならない。[*35] そしてこの問題は基本的ケーパビリティの平等の問題とすることはできない。[*36] 機能を実現する自由が問題なのではなく、自由を行使する主体が無力化されていることが問題だからである。

個人の尊厳としての人権

主体が無力化されているということは、個人としての尊厳が奪われている状態であり、まさに人権が侵害されているのである。ただし人権の考え方には、人間の自由を促進する系譜と、その自由を制限する系譜があり、[*37] 個人の尊厳としての人権は、後者の系譜に位置づけられる。

人間の自由を促進するための人権は、人間の理性などを根拠に人間が生まれながらに持つ自然権と位置づけられる。たとえばロックのプロパティの相互承認は、人間が理性を有するが故に自然法と

*35 齋藤は、親密圏が一般のアクセスを遮ることによって安全性の感覚を与えることが、「自らがかかえる問題や苦悩を個人的な不幸や不運として私化する解釈に抗して、それらを共通のもの――ほかのひとにも通じるもの――としてとらえ返すことを可能にする」（齋藤純一 二〇〇八、二〇五頁）と指摘しているが、いかなる論理で「共約可能な公」としてとらえられるのかについては述べていない。

*36 センは、「自尊心をもっていること」を基本的ケーパビリティの問題としている。しかし本文で述べたように、自尊心を持つか否かは、個人の自由の問題ではない。自由な主体を形成する基礎的要素ととらえるべきである。

*37 樋口陽一は、人権を支える「近代」の論理の中に、「個人の自己決定という形式と、個人の尊厳の不可変更性という実質的価値内容の、緊張にみちた複合が、人権と呼ばれるものだったのである」（樋口一九九六、五七－五八頁）と指摘している。

なると論じた。またフランス革命時の「人間と市民の権利の宣言」（一七八九年）においても、人権が「人の譲渡不能かつ神聖な自然権」であることを宣言している。こうした人権のとらえ方は、理性的で主体的な個という人間観にもとづいている。ただこうした人間観は、女性や「社会的弱者」を主体から排除するという問題点があることはこれまで検討してきた。多様な個を前提に、基本的ケーパビリティの平等を実現することが必要なのであり、そのためには排除を促す社会構造の転換が必要なのである。しかし基本的ケーパビリティの平等という考え方は、個々の主体として自由を尊重するという点では、人間の自由を促進するための人権の系譜に位置づけられるのである。

これに対して、人間の自由を制限する人権とは、個人の尊厳を擁護する考え方である。人間が自由にできない領域として個人の尊厳を設定し、そこへの不可侵性を求めるのである。このように個人の尊厳を根拠とする人権の意義が着目されるようになったのは、第二次世界大戦を経た後であった。[*38] 第二次世界大戦は、ナチスドイツによるホロコーストなど、個人の尊厳を冒瀆する悲惨な行為が人々に衝撃を与えた。戦後に採択された世界人権宣言（一九四八年）では、その前文の冒頭で「人類社会のすべての構成員の固有の尊厳と平等で譲ることのできない権利とを承認することは、世界における自由、正義及び平和の基礎である」とし、第一条で「すべての人間は、生れながらにして自由であり、かつ、尊厳と権利とについて平等である」と定めており、個人の尊厳を尊重することの重要性を再確認したのである。

では、個人の尊厳の不可侵性の根拠は何であろうか。イグナティエフは、世界人権宣言が採択された経緯を検討する中で、人間の理性や宗教などの普遍的な価値によって基礎づけるのではなく、まさに戦争で経験した「自由な主体的行為能力の最低限の基準を満たしていない場合には、人間の生命は危機にさらされる」(イグナティエフ 二〇〇六、一〇四頁) という悲惨な記憶をもとにしたミニマムな合意に根拠を求めている。なぜなら、さまざまな宗教や文化がある中で、人類が合意できる普遍的価値を措定できないし、また第二次世界大戦のホロコーストは、自然権としての人権が無力であることを示した。人々が人権宣言という道徳的法を求めたのは理性への確信ではなく、ジュディス・シュックラーやアイザイア・バーリンが指摘したように、戦争や虐殺といった恐怖の記憶であり、その歴史的な経験のみが、人権という言語に価値を与えたのである。よってイグナティエフは人権を「私たちの議論の開始を可能にする享有された語彙であり、なにを人間の繁栄ととらえるかをめぐって意見を異にするさまざまな考え方がそこに根を下ろすことができる、ぎりぎりの人間の最小限の合意事項なの

*38 第二次世界大戦以前で、人権に関して個人の尊厳に関連する規定がなされたのは、ワイマール憲法(一九一九年) 第一五一条一項の「人間に値する生存の保障」という生存権の文脈での規定などがある。より一般的な文脈ではアイルランド憲法 (一九三七年) の前文で「個人の尊厳と自由」の確保を規定している (青柳 一九八七)。

である」（イグナティエフ 二〇〇六、一五七頁）と位置づけている。

戦争は国家や集団による抑圧によって「自由な主体的行為能力の最低限の基準を満たしていない場合」を作り出し、「人間の生命は危機にさらされる」。「第二の近代化」が進展し親密圏を喪失しやすい現代においては、社会からの無関心や否定的な評価が「自由な主体的行為能力の最低限の基準を満たしていない場合」を作り出すのである。即座に「人間の生命の危機」をもたらさないかもしれないが、社会的な存在としての危機を確実にもたらすのである。

ミニマムな合意として人権を位置づける意味

このように悲惨さの回避に対するミニマムな合意として人権を位置づけることは、どのような意味があるのだろうか。

まずミニマムとはいえ不可侵な領域を設けることは、その領域における結果の平等を求めることであり、平等性にもとづいた「共約可能な公」の論理と言える。

平等にはいくつかの種類がある。ロックの社会契約説における平等は、市民資格という形式的な地位の平等を実現するものであった。社会連帯論における平等は、社会的債務の不平等を是正することで、市民生活の自由を享受する機会の平等を実現するものであった。そして基本的ケーパビリティの平等は、個人の心身の能力や利用可能な資源の違いを考慮に入れて、基本的な諸機能を実行するうえでの機会の平等を実現するものであった。これらの平等論が、結果ではなく形式的な地位や機会の平等を評価の対象にしたのは、自由を保障するためであった。これらの平等が保障されたうえで、自由に選択した結果であれば、その結果の不平等は問題にならないのである。つまり自由な行為の正当化のために他者との地位や機会の平等という前提条件が必要だったのである。しかし結果を平等の評価対象とすると、自由の価値が縮減する。何を選択したとしても、結果が同じであれば、選択の自由は実質的な意味を持たなくなるからである。

しかし結果の平等をミニマムな領域に限定し、自由な領域と棲み分けをすることは可能である。[*39] ミ

*39　このほかにも、結果の平等が有用な場合がある。グループ間において結果の平等を適用する場合である。たとえば、日本では障害者雇用において雇用率制度を導入している。民間企業であれば、全従業員の二・二%以上（二〇一八年現在）の障害者を雇用しなければならない。この法定雇用率は、障害者の常用労働者と失業している障害者を足した数を分子とし、常用労働者と失業している者を足した数を分母として、基本的に算出している。つまり障害者と非障害者間において、就業率の結果の平等を求めるものである。しかしこの雇用率制度による結果の平等は、個々人のレベルで見ると就業の自由を侵すものではなく、グループ間での機会の不平等を是正するものと言える。ただし雇用率制度によって、非障害者の雇用機会の減少により、自由が制限されたと主張することも可能であるが、障害者が差別されることで雇用機会が少ないことを是正することの方がより正義に適うと言えるだろう。

ニマム保障という考え方は、歴史的にはイギリスの最低生活保障を行ったスピーナムランド制度（一七九五年）や、徒弟の労働時間や夜間労働の禁止を定めた工場法（一八〇二年）の中にすでに見られる。たとえば工場法では、自由な労働契約の結果、低賃金、長時間労働、不衛生な労働環境などの状態にあった当時の労働者（児童労働を含む）の状況に対して、ミニマムとなる水準を設定し、その水準以下の契約を禁止し、ミニマム以上の水準になるように保障したものである。よってミニマムという考え方は、ミニマム以下の領域における自由を認めず、結果に着目した平等を求めるものと言えよう。

ミニマム保障が結果の平等を求めることであるとすれば、人権侵害は単なる個人への権利侵害ではなく、社会が積極的に解決すべき社会正義の問題ということになる。通常の権利侵害であれば、それにどのように対抗するかは個人の自由である。窃盗にあっても所有権を放棄して諦めることも可能である。しかしミニマムな領域としての人権が侵害された場合は、仮に本人がその侵害に抗議しなくても、問題は終わらない。人権侵害を容認するという自由は制限されている。そして人権侵害が結果として解消されないことは、合意された社会正義に反することであり、解消する責任は社会にあるのである。たとえば虐待を受けている人が抗議できなくても、その事実を知った人は通報し、社会制度として虐待から救済する責務があるのである。

さらに悲惨さの回避に対するミニマムな合意として人権を位置づけることは、救済対象が、特定のコミュニティや国家に限定されず、普遍性を有することを意味する。*40

たとえばホロコーストのように、ナチスドイツが制定した法によって合法的に人権侵害がなされた場合、その不当性を国内法で訴えることは困難であった。つまり「ウェストファリア条約以降、国家に無制限の主権が与えられた結果、その国家の市民には、合法的であっても不道徳な命令にはしたがわないでよいということを根拠づける規範が存在しなかった。人権とは、そうした規範が存在しないために起こりうるいまわしい事態を目の当たりにしたことへの応答だった」(イグナティエフ二〇〇六、三七頁)のである。よって、人権侵害に対して救済する責務は、その人が所属するコミュニティや国家に留まらないのであり、誰であっても人権侵害がなされれば、救済がなされなければならないのである。これに対して基本的ケーパビリティの平等は、何を基本的とするのかは、文化などによって異なるため、人類共通の基準を作ることが困難である。また財の再分配を伴う以上、その権限(徴税権など)が及ぶ範囲を限定しなければならない。その意味では対象は限定せざるを得ない。しかしミニマムな合意としての人権は、「いかなる生を享受するのにも絶対に必要とされるもの」(イグナ

*40 基本的ケーパビリティの保障の場合、適用範囲が限定されるが、人権の場合、適用範囲が限定されない。この違いをベンハビブは「無国籍者や亡命者の地位を守ろうとする国際法のかなりの発展にもかかわらず、普遍的人権と主権的要求との対立は、領土的に境界づけられた国家中心的な国際秩序の核心になる、根本的な逆説となっている」(ベンハビブ 二〇〇六、六五頁)と指摘している。

ティエフ 二〇〇六、一五〇頁）に限定したが故に、個別性や特殊性を捨象し、対象の普遍性を獲得するのである。

このように「親密圏としての私」を喪失し、ミニマムな合意である個人の尊厳としての人権が侵害されている場合、それを救済することが、「新しい社会福祉」を正当化するもう一つの根拠となる。

一般社会サービスと「新しい社会福祉」の関係

基本的ケーパビリティの不平等を是正し、個人の尊厳としての人権侵害を救済することが、「新しい社会福祉」を正当化する根拠であると論じてきたが、それを実現するために「新しい社会福祉」はいかなる役割が求められるのであろうか。

これまでの「社会的弱者」を対象としてきた「社会福祉」は、一般社会サービスや家族への補充性という関係で位置づけられてきたが、「第二の近代」以降は一般社会サービスや家族の位置づけも変化しており、当然これらの関係も変わることになる。

まず一般社会サービスについては、その主要な手段である社会保険の有効性が失われる。社会保険は、個人の生活上の問題をリスクに読み替えることによって、社会が共有できる問題に位置づけ直すことができた。しかし「第二の近代」になり、雇用の流動化や不安定化、少子高齢化が進展すると、リスクは平等に分配されるものではなく偏在しており、ハイリスク群は排除の対象と見なされるようになる。社会保険は社会連帯の有効な手段ではなくなりつつあるのだ（ロザンヴァロン 二〇〇六、一一一‐四四頁）。

ただし社会サービスの中には、医療や学校教育などのように、問題領域そのものを社会化して、個人が自己責任で解決するのではなく、社会の責任において問題解決の手段を提供するものもある。よって、今後は社会保険でリスクに読み替えるのではなく、基本的ケーパビリティの平等が問われる問題領域は、社会の責任の領域であると位置づける必要があろう。

このように社会サービスを位置づけた時、一般社会サービスと、「新しい社会福祉」サービスの違いは何であろうか。一般的な社会サービスは抽象的な他者を想定して制度を作り、個々にはサービスに対する権利を付与することで基本的ケーパビリティの平等を実現するものである。これに対して「新しい社会福祉」は、一般的な社会サービスへの権利付与では、基本的ケーパビリティの平等を実現できない具体的な他者に対して、個別的な援助を行うことで基本的ケーパビリティの平等を実現するものと言えよう。

よって一般社会サービスと「新しい社会福祉」の関係も一方的な補充性ではとらえられなくなる。自立した男性市民を前提とした「第一の近代」では、一般社会サービスを「本来の筋道」と位置づけ、「社会福祉」を「例外」への補充的対応と位置づけていた。しかし、「個人化」が進展した「第二の近代」においては、一般社会サービスも「新しい社会福祉」も、基本的ケーパビリティの平等を実現するものであり、相互に補完するものと言えよう。

またこのようにとらえれば、「新しい社会福祉」を必要とする者は、一般的な市民から切り離された特定の「社会的弱者」ととらえることはできない。個別的支援へのニーズを有している人であり、そのニーズは誰にでも発生する可能性があるのである。たとえば、障害者や要介護高齢者などへの支援は、ケアサービスそのものが家族の生活支援機能を補充するものととらえられたため、これまで「社会福祉」に位置づけられてきた。しかし家族の「個人化」に伴いケアサービスの脱家族化が進み、ケアサービス領域の社会化がなされれば、「社会福祉」ではなく一般社会サービスと位置づけられることになる。パーソナライゼーション化して、自らの権利にもとづいて選択すればよいのである。その一方で、従来の「社会的弱者」として位置づけられてこなかった人でも、雇用の流動化・不安定化、家族の「個人化」などにより、職場や家庭などの安定的な帰属の場がなくなってきており、常に個人としての選択が問われていくようになる。とすれば意思決定能力の障害の有無に関わりなく、自らの選択や他者との関係形成について支援の必要があるととらえられる。本人の代わりに判断するのではなく、共に付き添いながら本人が望む基本的機能の実現可能性を高める伴奏型の支援が求められているのである（ブルジェール 二〇一六、一一五–一二五頁）。

家族・親密園と「新しい社会福祉」の関係

家族の「個人化」については、すでに述べてきた。家族が「個人化」することは、家族が消滅するわけでも、単なる親密圏の一類型になるわけでもない。どの範囲を家族として社会的に認めるかは議論があるにしても、最小単位として母子関係の「ケアの絆」は法的に保護する必要がある（上野二〇〇八）。仮に、「第一の近代」家族が担ってきた育児・介護などのケアが、社会によるケアサービスとして脱家族化したとしても、子どもはケアサービスの契約の主体になることはできない。「依存的な他者」である子どもに対して責任を持つ大人が必要であるからである。

とすれば、最小単位としての家族が担う機能に対する代替的補充性や補強的補充性は、「新しい社会福祉」の役割として残ることになる。ただし「第一の近代」家族においては、育児や介護などのケアを家族が担うのが「本来の筋道」と考えられてきたので、ケアに関して補充的役割を担うことが「社会福祉」の役割であった。しかし「第二の近代」家族になると、ケアサービスが社会化せざるを得ない。とすれば残される家族機能は何であろうか。それは「依存的な他者」への責任を持つことであろう。親だけではその責任を持ちきれない場合に、「新しい社会福祉」の相談支援などが、その責任を分有することで補強的補充性という役割を担うのである。また、親が「依存的な他者」への責任を放棄したり、「依存的な他者」の人権を侵害する場合、親の代わりに一時的に保護するなどの活動が、代替的補充性と位置づけられよう。[*41]

ただし家族に人々が求めるのは機能だけではない。山田（二〇〇五）は家族への欲求を「機能的欲求」と「意味的な欲求」に分け、前者をケアなど自分が快適に生きるための手段的なものとし、後者を自分がかけがえのない存在であることを確認する「家族へのアイデンティティ欲求」であると説明している。しかし「新しい社会福祉」が社会的制度である以上、応えることができるのは主に機能的欲求（誰かが自分へのケアに対して責任を持つこと）であり、意味的な欲求（自己のアイデンティティを確認する）に応えることには限界がある。

同様に、親密圏に対して「新しい社会福祉」が担える役割も限定的である。親密圏は「具体的な他者の生への配慮／関心を媒体とするある程度持続的な関係性」（齋藤純一 二〇〇八、一九六頁）であり、まさに「意味的な欲求」によって結ばれている。「新しい社会福祉」は、セルフヘルプグループやサポートグループなどの親密圏を形成することを援助することはできても、直接的に親密圏を作り出すことはできない。できるのは、側面的支援であり、補強的補充性なのである。そして「親密圏としての私」を喪失したことによって、個人の尊厳が保てない場合に、人権を保障するために避難できる場所（シェルターや居場所など）を代替的補充性として社会的に提供することなのである。

市民社会を「現れとしての公」にするために

このような役割を「新しい社会福祉」が担えた場合、人々はどのような生を市民社会で送ることができるのであろうか。そもそも市民社会とは、国家と家族の間に生じた空間であった。しかし公私区分の見直しを検討し、「共約可能な公」と「親密圏としての私」を設定した今、市民社会はどのような空間として位置づけられるのだろうか。

市民社会は、国家との関係では、市民が自らの善の構想を自由に実現する空間という意味で私的領域に位置づけられていた。その一方で家族との関係では、市民社会は人々の生活を画一的に同調化することを求め、他者からの評価にさらされる開かれた空間という意味で公的領域に位置づけられた。なぜ市民社会は、公的領域にも私的領域にも位置づけられるのだろうか。それは公、あるいは公共性という概念が多義的であることに起因している。齋藤純一（二〇〇〇、viii－ix頁）は公共性を、三つの意味合いで使われる概念と整理している。①国家に関する公的（official）なもの、②すべての人々に共通（common）のもの、③誰に対しても開かれている（open）ものである。この分類でいえば、市民社会は次のように位置づけられることができる。まず①の意味では、市民社会は国家から区別され

＊41　家族の生活支援機能への代替的補充性は、いわゆる虐待などが行われている場合、一時的に親の責任を停止するものであり、親が自ら停止を求めることは通常あり得ない。また子どもが自ら代替的補充性の発揮を「新しい社会福祉」に求めることも少ない。その意味ではパターナリスティックな介入と言えよう。この意味では、従来の「社会福祉」のパターナリスティックな性質は残らざるを得ない。よってあくまで緊急避難を目的とした例外的介入とすべきである。

た私的な空間である。次に②の共通性という意味では、従来は該当しないと考えられていたが、これまでの検討の結果、基本的ケーパビリティの実現や、個人の尊厳としての人権が侵害されている場合には、すべての人々に共通する問題として市民社会としての責務が発生する。よって限定的ではあるが②の共通性という公共性を担うと言えよう。最後に③の公開性については、市民社会は公共性を担う空間であると言えよう。もちろん実際には、市民社会のあらゆる空間に誰でも容易にアクセスできるわけではない。実際、社会サービスが整備された福祉国家においては、市民社会は労働者にとって開かれた空間であり、職場や労働組合などに安定的に所属することで、社会的アイデンティティを得られた。しかし「社会的弱者」は実質的に排除されていた。しかし市民社会を、民主的な社会と想定する以上、特定の市民を理由なく排除することは、原理的に正当化できない。市民社会は、社会的アイデンティティを得ることができる唯一の空間であるが故に、原則として市民であれば誰でもアクセス可能な空間でなければならないのである（フレイザー 二〇一三、二四頁）。

このように整理したとしても、市民社会は、一方で自由で多様な空間と位置づけられ、他方で画一的な同調化が求められる空間として評価されている。この点はどのように理解すればよいのだろうか。現実的には、両方のベクトルが混在している空間と理解すべきであろう。

まず市民社会の画一的な同調化のベクトルを見てみよう。

市民社会には、市場というシステムがある。市場は、貨幣を媒介にして人々を結ぶものであり、市民社会の中でもっとも公開性が高い空間である。その一方であらゆる価値を、貨幣に換算し、商品化する。この意味では、市場は貨幣的価値によって画一的な同調化を求めるシステムなのである。しかしこの市場というシステムから高い評価を受け、承認欲求を満たすことができる人は、限られた人である。

また貨幣を媒介としない直接的な関係においても、ナショナリズムなど、同一性を基盤とした結びつきがある。こうした同一性を基盤にした結びつきは、同調化できない「関係のない他者」を排除する。むしろ異質な「関係のない他者」を排除することで、自らの集合的アイデンティティを確認しているのである。こうした同一性を基盤とした結びつきを求める傾向は、「第二の近代」による「個人化」の進展によって強まっている。「第二の近代」は、職場や労働組合などの集団への安定的な帰属を困難にし、人々は個人として社会からの評価に直接的に晒されるようになるからである。しかしこのような異質な「関係のない他者」を排除し同一性を基盤とした結びつきは、公共性の公開性という要件を満たしておらず市民社会を私的な空間にするものと言えよう。

とすれば市民社会を正当化する関係は市場しか残らなくなってしまうが、市場は市民社会を超えてグローバル化しており、特定の市民社会を正当化するものではない。つまり民主的な市民社会がその構成員に正当性を示そうとすれば、画一的な同調性ではなく、自由で多様な空間、他者に対して開かれている空間でなければならないのである。

同一性ではなく、異質な他者に対しても開かれている空間とは、どのような空間だろうか。単に物理的にその空間から排除されていないということではない。異質な他者の存在を否定しないが、理解し得ない存在と位置づければ、同一性を基盤とした私的空間が、複数存在することでしかない。他者との差異性を、同一性に回収せず承認することが必要なのである。そのためには、すべての個が、存在としての固有性を他者から承認されなければならない。こうした人々の複数性が評価される空間は、誰かに代表されたり、画一化されたりすることのない、共約不可能な空間である。そうした空間が出現した時、人は自らの唯一無二の存在としての生のリアリティを感じることができる。まさにアーレントがその必要性を提起した「現れとしての公」とでも呼ぶべき空間なのである（Arendt 1958＝1994: 75–78, 斎藤純一 二〇〇八、二一七–二二四頁）。

この「現れとしての公」は、生のリアリティを感じられずに実存的欲求を持つ人にこそ必要な空間である。一人ひとりの名前ではなく、障害者、移民、ホームレスなど、集合的なカテゴリーでレッテルを貼られてきた人々。「個人化」によって社会的紐帯を失い存在すら他者に認識されずに孤立する人々。こうした人々にとって、もっとも必要なのは「まさにこの一者として、交換不可能なものとして、一義的なものとして私を認め、私に話しかけ、それを考慮してくれることで私のアイデンティティを確認してくれる他の人々との出逢」（アーレント 一九七四、二九八頁）をもたらす「現れとしての公」なのである。「親密圏としての私」も自らの存在を全面的に承認される空間ではあるが、市民社会とは切り離され閉ざされた空間である。

「現れとしての公」は、「第一の近代」の枠組みである職場や労働組合などに安定的に帰属することによって集合的なアイデンティティを得られていた人にとっては、必要性は薄いかもしれない。しかし「第二の近代」において「個人化」が進むと、ナショナリズムのように異質な「関係のない他者」を意識的に排除することでしか、集合的なアイデンティティを得られなくなる。しかし、市民間の関係において特定の市民を排除し差別するという不正義を容認することはできない。とすれば、「第二の近代」に進みつつある今こそ、市民社会を集合的なアイデンティティではなく、唯一無二の複数性をもつ存在として相互承認する「現れとしての公」を実現できる空間にしなければならないのである。

ではそのような「現れとしての公」は、どのようにすれば生ずることができるのであろうか。すべての人が常に「現れとしての公」という空間[*42]を持つことは理想でしかない。また自由な空間であるからこそ、国家や社会が強制することで出現することはできない。しかしそうした「現れとしての公」が実現するためのベクトルを強めることはできる。まさに「共約可能な公」に位置づけられた「新

*42 この「現れとしての公」が出現する空間は、市民社会そのものというよりは、具体的な他者同士が認め合う関係性を取り結ぶより小さい単位（コミュニティ）であり、市民社会の中に多数の「現れとしての公」の空間が存在すると理解すべきであろう。

しい社会福祉」の存在価値は、「現れとしての公」をどれだけ実現できるかにかかっている。まず基本的ケーパビリティの平等を実現すること、そして個人の尊厳としての人権を擁護することで、市民社会に参加するための基本的な条件を保障することが重要である。[*43] その中でも、特に「現れとしての公」を実現するために有効なのが、「合理的配慮[*44]」という方法である。差別を禁止することは基本的ケーパビリティの内容に含まれるが、「合理的配慮」とはその障害者への差別を禁止するための方法の一つである。合理的配慮とは、単に障害者に配慮を求めることではなく、双方の対話のうえで、「理に適った」配慮であると認められた場合、「合理的配慮」を行うことが義務づけられるのである。合理的配慮は、差別されやすい者との対話を促し、その者への合理的配慮を行うことで社会参加を促進するものである。その意味では、障害に限らず、人種、宗教、性的指向、年齢などにより差別を受けやすく、配慮を必要としている人々の社会参加を促進し、対話にもとづく社会的つながりを作り出すうえでも有効な手法と言えよう（川島ら 二〇一六）。ただし、配慮を求める声は弱く、対等な対話になれない場合もある。そうした場合に、「新しい社会福祉」による対話を媒介する個別的支援が必要とされるのである。

しかしこうした個別的対応だけでは、「現れとしての公」が実現するためのベクトルを強めることには、限界がある。「現れとしての公」への実存的欲求を持つ人の声を強め、他者がその声を受け止める可能性を高めるための社会運動も必要なのである。このように「新しい社会福祉」にもとづく個別的支援や社会運動が、「現れとしての公」が生じる可能性を高め、複数性を評価する社会のベクトルを強めることは、「現れとしての公」への実存的欲求に応えるためだけではない。社会が複数性を失えば、社会そのものが単一の主観でしかとらえられなくなり、全体主義国家のように社会そのものがリアリティを喪失することにつながるからだ。「共通世界の終りは、それがただ一つの側面のもとで見られ、たった一つの遠近法において現われるとき、やってくるのである」（Arendt 1958＝

＊43 アーレントは、社会を、画一的同調性を求めるものとしてとらえ、「現れとしての公」が出現する空間としてはとらえていない（Arendt 1958＝1994: 59–74）。しかし基本的ケーパビリティの平等を実現し、個人の尊厳としての人権を擁護して、社会に参加するための基本的な条件を保障することができれば、「現れとしての公」が出現する空間になる可能性が生じるのである。

＊44 合理的配慮という概念は、一九六〇年代半ばのアメリカで宗教的差別への対応として発生した。障害領域で使われるようになったのは、「一九九〇年の障害をもつアメリカ人法（ＡＤＡ）」であり、その後、国連の文書や各国の障害者差別禁止法で規定されるようになった。また二〇〇六年に国連で採択された障害者の権利に関する条約でも、第二条で「『合理的配慮』とは、障害者が他の者との平等を基礎として全ての人権及び基本的自由を享有し、又は行使することを確保するための必要かつ適当な変更及び調整であって、特定の場合において必要とされるものであり、かつ、均衡を失した又は過度の負担を課さないものをいう」と定めている。日本でも二〇一三年に制定された障害を理由とする差別の解消の推進に関する法律で差別を解消するために合理的配慮をすることを求めている（川島ら 二〇一六）。

1994: 87)。ともすれば画一的な同調化のベクトルに流されそうになる中、われわれの、そしてこの社会のリアリティを喪失しないために、社会が複数性を維持・回復するように働きかけることも、「新しい社会福祉」の実現をめざす者の課題なのだ。

小　括

「社会的弱者」と位置づけられてきた人々を排除してきたのは家父長制的資本制であった。このように社会構造をとらえると、家族が市場に対して果たしてきた役割が明らかになる。そしてその家族の役割を補充していたのが、「第一の近代」における「社会福祉」の役割だったのである。

しかし「第二の近代」になり、家族そのものが「個人化」するようになると、近代的家父長制を支えてきた家族主義という規範も弱まる。とすれば、ケアの社会化により家族に頼らなくても生活ができるようになり脱家族化が進展すれば、問題は解決するのだろうか。フェミニズムが指摘する家父長制の問題は、家族における性別分業の問題だけではない。女性を家族という私的領域に押し込めてきた公私区分の在り方そのものを批判しており、見直すことが必要なのだ。

公私区分には、国家と市民社会間の公私区分と、国家・市民社会と家族間の公私区分の二種類がある。前者の公私区分は、平等性を基盤にした「共約可能な公」を必要とするための区分であり、後者の公私区分は、他者の評価から閉ざされている「親密圏としての私」を必要とするための区分である。

まず「共約可能な公」が抱える問題点は、その主体像にある。抽象的他者を前提とすることで、男女間の社会的差異を捨象し、女性に不利な空間であることを隠蔽しているのだ。この問題を解決するためには、基本的ケーパビリティの平等という考え方により、「共約可能な公」を、抽象的他者を前提とする国家に限定せずに、具体的他者を前提とする市民社会にも一部拡大することが必要である。そして国家のみならず、市民社会において基本的ケーパビリティの平等を実現することが「新しい社会福祉」の一つの役割なのである。

次に「親密圏としての私」が抱える問題点は、家族を「親密圏としての私」として保護することで近代的家父長制支配の問題を隠蔽することである。この問題を解決するためには、脱家族化が進展し、多様な親密圏の重要性が認識されることが挙げられる。しかし新たな問題として、「個人化」により親密圏を形成したいと思っても形成できない人が増加している。特にこのような状態が深刻化すれば、個人の尊厳としての人権が侵害され、自由を行使する主体として無力化されることにつながる。そこでこのような場合に人権を擁護し救済することも「新しい社会福祉」のもう一つの役割である。

これらの役割を「新しい社会福祉」が担うためには、社会サービスや家族・親密圏との関係では、次のように役割が位置づけられる。一般的な社会サービスとの関係では、それへの権利付与では、基本的ケーパビリティの平等を実現できない具体的な他者に対して、個別的な援助を行うことが「新しい社会福祉」の役割である。家族との関係では、依存的な他者への責任を補充することであり、親密

図3　福祉国家と「第二の近代」における公私区分

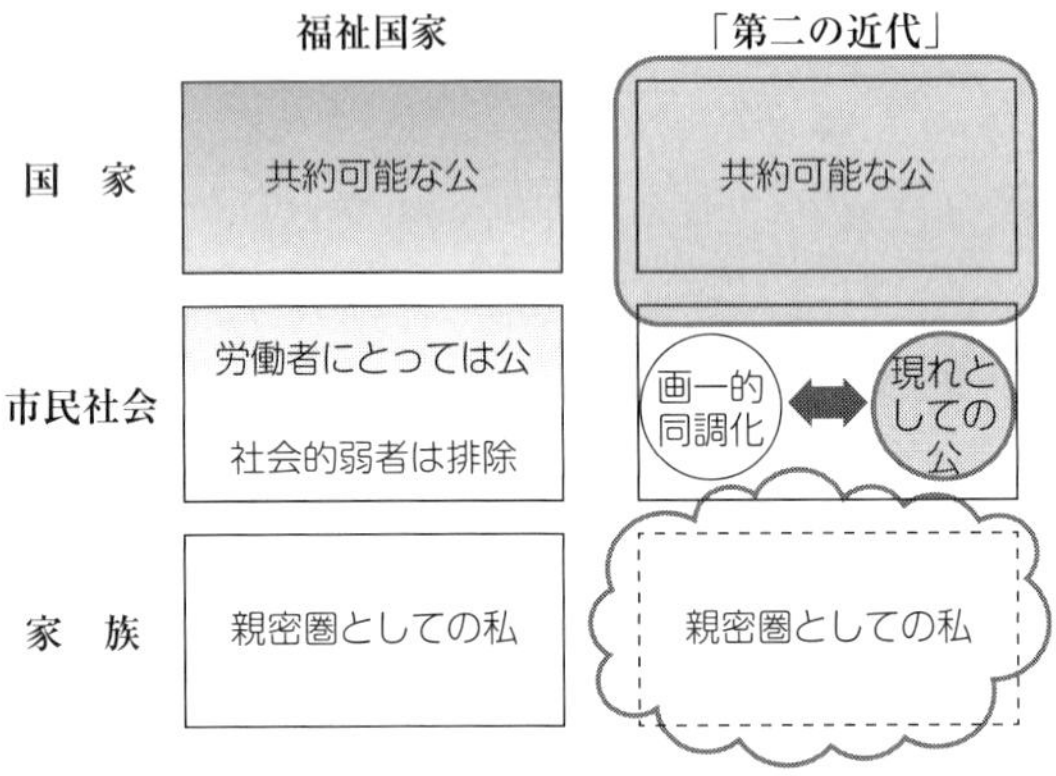

圏との関係では、側面的支援や一時的な避難場所を提供する役割を持つことである。

また、市民社会の位置づけは、画一的な同調化と、自由な多様化と両方のベクトルが混在している。ともすれば同一的な同調化のベクトルが強くなるが、人々の複数性を認める自由なベクトルがなければ、市民社会は正当化し得ない。この複数性を保障する「現れとしての公」という空間を作り出すことは困難であるが、生のリアリティを必要としている人にとっても、市民社会自身がリアリティを維持するためにも必要なのであり、それを実現し、複数性を持つ他者を包摂することが「新しい社会福祉」に求められているのである。

最後に、「第一の近代」の福祉国家以降と「第二の近代」における公私区分と、国家、市民社会、家族の関係を図3に整理した。福祉国家においては、国家が「共約可能な公」の主たる担い手であった。市民社会は、労働者にとっては企業や労働組合に安定的に帰属することで社会的アイデンティティを得られる場であり公開性という点で公的空間であった。しかし「社会的弱者」が排除されていた。また家族は「親密圏としての私」の主たる担い手であった。しかし「第二の近代」においては、これまで「社会的弱者」とされていた人を含めて、市民社会への参加を果たすために、「共約可能な公」を一部市民社会に拡張する必要がある。また家族も「個人化」されることで、「親密圏としての私」の担い手も拡大する。そして市民社会は、労働者にとっても職場や労働組合への所属によって容易に集合的アイデンティティを得られる場でなくなる。一方で画一的同調化によって集合的アイデンティティを得ようとするベクトルが強まるが、それに抗して複数性にもとづく「現れとしての公」を作り出すことが求められているのである。

終章

福祉の原理とは何か

本書では、「福祉」を「関係のない他者」を援助する仕組みと位置づけ、「秩序維持型福祉」と「秩序再構築型福祉」の二類型に分けて論じてきた。[*1] 終章では、それぞれの「福祉」の類型が有していた特徴と限界を検討するとともに、「秩序再構築型福祉」を行ううえでの原理的課題を検討する。

「秩序維持型福祉」の特徴と限界

「秩序維持型福祉」は、既存の秩序を維持するために行われる「福祉」であるが、それはどのような社会的背景のもとに生み出され、限界を迎えたのだろうか。

「秩序維持型福祉」が最初に出現したのは、古代都市国家であった。古代都市国家において、秩序の基盤となったのは都市市民であった。そして都市市民が、債務奴隷に転落した時、王が行ったのが、古代メソポタミアのアマギや古代ギリシャのセイサクテイアと呼ばれた徳政令であった。これらはいずれも税金や土地を抵当とした借金が払えない市民が、債務奴隷（「関係のない他者」）に転落したことで都市市民の秩序が混乱した場合、その債務を取り消すことで債務奴隷から都市市民に戻し、あるべき秩序を回復するものであった。しかしこの「福祉」はあくまで都市市民が対象であり、もともと奴隷である者や、外部から来た者（よそ者）が対象になることはなかった。さらにローマ帝国末期においては、皇帝によるローマ市民に対する平等な給付により「秩序維持型福祉」を行ったが、次第にローマ市民としての公的領域が失われ、封建化が進むと、本来あるべき都市市民としての秩序そのものが崩壊しかけ、「秩序維持型福祉」は機能しなくなったのである。

次に「秩序維持型福祉」が大きく問われたのは、一四世紀から一八世紀にかけての西ヨーロッパであった。それ以前の中世封建社会において秩序の基盤となったのは共同体であった。しかし一二世紀

*1　本書では「福祉」を「秩序維持型」と「秩序再構築型」に分類したが、このほかに形態はないのだろうか。柴田（一九七九）は、「福祉」を三つの類型に分けている。〈Alms〉一定の地域または集団の相互扶助、〈Alimenta〉体制による秩序維持としての福祉、〈Caritas〉個人の自己否定から発生する宗教的な基盤を持つ福祉の三つである。〈Alimenta〉は「秩序維持型」に、〈Caritas〉は「秩序再構築型」に近いが、〈Alms〉をどのように評価すればよいだろうか。柴田は〈Alms〉を古代ギリシャのアテネにおける戦死者や戦傷者の救済に原型を見いだしているが、これは英雄をたたえる行為であり、ポリスの「秩序維持型福祉」と理解すべきであろう。むしろ、こうした枠組みでとらえられないのが、アテネにおける市民間の共済であるエラノス貸付である。こうした市民が自発的に互助を組織化するという系譜は、その後も、キリスト教の信徒団や中世ギルド、ヨーロッパ近代の友愛組合や協同組合などに連なっていく。日本においても頼母子講や無尽と呼ばれ中世から存在する。しかしこの共済は、「福祉」というよりは「関係にもとづく援助」を契約によって拡大する行為と理解すべきだろう。この共済の関係に参加するか否かは原則として自由意志である。そして援助を受けることは共済の関係にもとづいて当然視され、そこに正当化の疑問が生じることはないのである。この共済の考え方は、後に社会保険につながるが、社会保険は強制加入であり、強制性への正当化の疑問が発生する。ここに質的な違いがあり、社会保険制度は「福祉」となるのである。ただし「現れとしての公」を作り出すうえで、生活協同組合や社会的企業など協働組合型の運動が持つ意義は大きい。

頃から商業が盛んになり、貨幣経済が浸透するようになると、共同体の外部に出稼ぎに行くなど、共同体での閉鎖的な生活環境が崩れだすようになった。特に一四世紀のペストの流行は大量の浮浪者である「関係のない他者」を生み出し、国家による社会防衛としての「秩序維持型福祉」が行われるようになった。浮浪者を本来居住すべき共同体に戻すために援助することが、秩序を維持するために必要だった。しかし一八世紀になり、産業化が進展し自由労働市場が形成されるようになると、共同体に縛りつける秩序そのものが時代のあるべき秩序ではなくなり、限界を迎えたのである。

さらに「秩序維持型福祉」が問われたのは、一九世紀から二〇世紀にかけての先進諸国である。近代市民社会が確立するようになると、その秩序は、男性労働者と家族からなる家父長制的資本制となった。そしてこの秩序を維持するために、家族を支援するものとして「社会福祉」という「秩序維持型福祉」が登場した。そして家族に包摂できない者（「関係のない他者」）を「社会的弱者」というカテゴリーを作って、一般市民（男性労働者）とは異なるルールで支援した。しかし、援助を受ける当事者からパターナリスティックな管理に対して抗議がなされ、家父長制的資本制そのものがジェンダーに対する抑圧として問題になると、維持すべき秩序としての正当性が失われ、現在限界を迎えているのである。

これらの展開を見ると、「秩序維持型福祉」に共通するのは、その前提に維持すべき秩序が明確にあること、そしてそこから逸脱した者への「福祉」であった。そして維持すべき秩序の自明性が崩れた時に、「秩序維持型福祉」の正当性も失われ、限界に達するのであった。

また次のような共通点もある、それは「秩序維持型福祉」は、あるべき正当な秩序を維持したいと思う側の主体的行為であり、援助を受ける側はあくまで客体でしかないということである。よって近代市民社会が確立し、理論的にはすべての人に市民としての主体性が尊重されるようになると、援助を受ける側の主体性を考慮しない「秩序維持型福祉」は、正当化することが困難になる。これまでの「社会福祉」のように、対象を市民とは異なる「社会的弱者」として主体性を剝奪する方法もあるが、剝奪される側から抗議されればそれを無視することはできない。とすれば現代社会において「秩序維持型福祉」は原理的には肯定することができないのである。

「超越的秩序」による「秩序再構築型福祉」の特徴と限界

「秩序再構築型福祉」は、「秩序維持型福祉」が前提としてきた秩序を脱構築し、その限界を乗り越える中で、新たな秩序を再構築する「福祉」である。その再構築の方法には二種類あった。一つは、普遍宗教の神のような超越的な概念を持ち出し、人々がその超越的な概念と直接結びつき、それを媒介することで「関係のない他者」と結びつき「超越的秩序」を生み出す方法であった。もう一つは、構成員が討議をすることによって正義に適うと了解できる公的領域を設定し、それを媒介することで「関係のない他者」と結びつき「討議的秩序」を生み出す方法である。ただしいずれも「関係にもとづく援助」の基盤となる関係（親子関係や友人関係など）を脱構築し、すべての人が「関係のない他者」として新たな関係を結び直す領域（聖なる世界、「共約可能な公」）を設定することで秩序を再構築したのである。そしてその新たな秩序にもとづく関係を実際の生活領域（世俗の世界、「現れとしての公」や「親密圏としての私」）で実現するための方法が「福祉」なのである。

まず「超越的秩序」による「秩序再構築型福祉」の特徴と限界を検討しよう。「超越的秩序」の典型として、キリスト教による「秩序再構築型福祉」を見てみよう。キリスト教は、特定の人間関係（支配関係、血縁関係、友人関係、敵対関係など）による秩序を脱構築し、超越的な神を媒介とする新しい秩序を提起した。そしてその新しい秩序を構築するために、すべての他者への愛を基盤とした「福祉」を提起したのである。ただしキリスト教の論理をそのまま実行して世俗の体制を批判し、神の国を実現しようとすれば、世俗の権力と必ず対立する。そこで神の教えを実行すべき聖なる世界と、世俗の権力が肯定される世俗の世界を分離することで、衝突を避けた。その結果、ローマ帝国末期においてローマ市民の公的領域が崩壊し封建化が進み、帝国としてのあるべき秩序が維持できなくなった時、新たに秩序を再構築する教えとしてキリスト教を採用することができたのである。そしてキリスト教による聖なる世界は、ローマ帝国の公的領域の代わりに、皇帝と市民を平等に関係づける秩序となったのである。この秩序にもとづき異人宿泊所（クセノドケイオン）など、身分や信仰に関わりなく普遍的な「福祉」を行う施設が設置された。

このように「超越的秩序」は、世俗の世界において不平等があったとしても、世俗の関係から切り離された聖なる世界において、神と直接関係を結び、その神を媒介することで「関係のない他者」と間接的に関係を形成する。しかし聖なる世界における観念的な関係だけではなく、世俗の世界でその関係を体現するのが「福祉」であった。「超越的秩序」は、その秩序にもとづく関係を実感する仕組みとして「福祉」が欠かせないのである。「福祉」があることで、聖なる世界と世俗の世界を結ぶ回路ができるのである。

しかし「超越的秩序」による「秩序再構築型福祉」には大きな限界がある。一つには、世俗の秩序が大きく混乱した時、その立て直しを図るには、聖なる「超越的秩序」は無力なことである。「超越的秩序」による「秩序再構築型福祉」を実施するためには、世俗からの寄付によって財源を確保しなければならない。現実に一四世紀の西ヨーロッパで大量に浮浪する貧民が発生した時に、キリスト教会による「福祉」は機能できなかった。

だがこうした現実的な問題以外にも、近代市民社会においては、原理的に「超越的秩序」を基盤とすること自体に問題がある。この問題は、フランス革命後の「友愛」という概念に超越性を持たせたことで明らかになった。フランス革命初期においては、友愛を「ナシオン」に結びつけて理解し、革命という歴史的偉業を行った国家と、そこに所属する者同士の関係である「友愛」に超越的価値を与えて、秩序を形成した。しかしこのような「超越的秩序」の問題点は、超越的な価値であるが故に、人間が操作できない点にある。その結果、共和制から第二帝政へと移行しても、「友愛」概念は変わらず使用され、帝政期の不平等を覆い隠すイデオロギーにもなったのである。近代市民社会が、自由と平等を基盤にした民主制国家であれば、社会の秩序は超越的な操作不可能な価値ではなく、市民の討議によって操作可能な価値によって秩序づけられなければならない。市民社会においては、「超越的秩序」は禁じ手なのである。

「討議的秩序」による「秩序再構築型福祉」の特徴と限界

「討議的秩序」において「福祉」はどのように位置づけられるのだろうか。

最初に「討議的秩序」を生み出したのは古代ギリシャの民主制国家であった。公的領域と私的領域を分離し、公的領域では市民は平等に扱われ、個人の利害ではなくポリスの利害のために討議することが求められた。そして人々は公的領域での決定に従うことで秩序が形成されたのである。しかし古代民主制国家において「討議的秩序」を形成するためには、その前提として、土地の配り直しなどによる経済的格差の是正や奴隷制など、公的領域に市民の私的問題（貧困など）を討議しなくても済む条件がなければならず、貧窮者の「福祉」を公的領域に位置づけることはできなかった。

次に「討議的秩序」を生み出したのは近代市民社会であった。古代民主制国家と異なるのは、国家と家族のほかに、社会という領域が加わったことである。社会においては、国家によって平等に保障された権利や義務を基盤に、市民が自由に自らの幸福を追求すると想定された。つまり討議によって誰にでも平等に適用されるルールを確定し、それにもとづいて社会において市民が自由に他者と関係を形成することで秩序が生み出されると考えたのである。このことは公的領域が、平等を基盤とし共通する課題を討議する「共約可能な公」と、自由を基盤とし他者との関係において固有性が承認される「現れとしての公」に分離することを意味する。こうした「討議的秩序」において「福祉」はどのように位置づけられるのであろうか。「福祉」は、「共約可能な公」で討議すべき内容であるが、その目的は「現れとしての公」を社会の中で実現するためであり、市民が「現れとしての公」を追求するための条件を作り出すことにある。「福祉」がなければ、経済的不平等や社会的排除は是正されず、ごく一部の者しか「現れとしての公」を追求できず、正義に適う秩序は実現できない。その意味では「福祉」は、「共約可能な公」の平等と「現れとしての公」の自由を結ぶための回路なのである。さらに、「福祉」が個人の尊厳としての人権を擁護することが、この回路が機能するための基盤を提供しているのである。

このように「討議的秩序」による「秩序再構築型福祉」の意義を位置づけた時、その限界とは何であろうか。それは再構築した秩序の外部にいる人の存在である。社会連帯論は、ブルジョワジーと労働者の対立を脱構築して、新しい秩序を形成した。しかしその新しい秩序は成人男性だけで形成された秩序であり、その外側には、私的領域である家族に位置づけられた女性やその扶養者、そして家族からの支援を受けられない「社会的弱者」がいたのである。その結果、秩序の外側に位置づけられた人々を包摂した新たな秩序のために、「新しい社会福祉」が必要とされた。しかしこの「新しい社会福祉」によって形成された秩序にも外部がある。それは基本的ケーパビリティの適用範囲が限定されるからである。基本的ケーパビリティを実現するために財の再分配や相互承認のルール策定を行おうとすれば、必ずどの範囲に適用するかを明確にしなければならない。もちろんこれらの外部にいる人も個人の尊厳としての人権擁護の対象にはなるが、外部にいる人をすべて包摂した基本的ケーパビリティの保障はできないのである。とすれば、常に外部にいる人の存在を意識しながら境界を柔軟に検討し続けなければならない。ベンハビブはこの点を「民主的な国民のアイデンティティを定義することは、立憲的な自己創出の継続的なプロセスである。排除される人々が排除と内包の規則を決定する人々のなかにいないという逆説を除去することはできないが、継続的で複合的な民主的反復のプロセスをつうじて、これらの区別を流動化し，交渉可能なものにすることはできるのである」（ベンハビブ二〇〇六、一六四頁）と指摘している。

以上、それぞれの秩序の中で「福祉」が果たしてきた役割とその限界を明らかにした。次に、「共約可能な公」の中に「福祉」を位置づけるときに生じる原理的課題について検討する。

平等に関わる「福祉」の正当化問題

「福祉」を社会的仕組みと位置づける以上、すべての人に関わる「共約可能な公」の問題としてとらえなければならない。そのうえで、第一に問題となるのが平等に関わる「福祉」の正当化問題であった。この問題は、「共約可能な公」は平等原理を基盤とする以上、すべての人に関わる問題を取り上げるべきであり、特定の者に関することは討議の対象とならないというものであった。この問題をどのように解決してきたのだろうか。

この問題が最初に発生したのは、古代ギリシャの民主制国家であった。古代民主制国家はこの問題を解決することができずに「福祉」を公的領域に位置づけることができなかった。近代市民社会が誕生しても、その理論的基盤となったロックの社会契約説においては「福祉」を公的領域に位置づけられなかった。

この問題を解決したのが、社会連帯論の社会的債務という考え方であった。つまり平等な市民が社会を形成するのではなく、もともと社会的債務において不平等な市民が社会を形成している（自然連帯）。よって不平等な状態を是正するために「福祉」を行い、正義に適う平等な関係（社会連帯）を形成しなければならないと考えたのである。

つまり平等に関わる「福祉」の正当化問題は、平等を前提に関係を考えれば、すでに平等であるので特定の者の支援を行う「福祉」を正当化することはできず、解決することはできない。しかし不平等を前提とすれば、その不平等を平等原理で是正するために「福祉」を実施することとなり、正当化することができるのである。

この点は、「新しい社会福祉」も社会連帯論のロジックを引き継いでいる。ただし社会連帯論が社会的正義の問題としなかった自然的な不平等も社会的な不平等に位置づけ直した。また「個人化」が進展した「第二の近代」においては、自由に人生を選択することが常に問われ、そうした選択ができること自体が特定の能力や資源を有している者に限定されるという不平等がある。こうした不平等をも社会的な不平等の問題としてとらえることで、「福祉」による是正を正当化した。

自由に関わる「福祉」の正当化問題

自由に関わる「福祉」の正当化問題とは、生活に対する自己責任の原則との関係や、主体性を持つ個への介入に対して「福祉」をどのように正当化させるのかという問題である。

まず生活に対する自己責任の原則との関係についてであるが、この問題が大きな課題となったのは、フランス革命後の社会であった。「物乞い根絶委員会」は、市民の生きる権利を認め、そのための労働の保障をすべての人にできない以上、「福祉」を権利として認めようとした。しかしそこで問題となったのは、生活に対する自己責任を果たそうとせずに「福祉」に依存する者の存在であった。労働の義務を遂行しようとしても労働が得られない者は「福祉」の対象にしなければならないが、労働の義務を放棄して「福祉」に依存する者は矯正すべき対象と位置づけた。しかし両者の区別は困難であり、委員会の論理は破綻し、結果として「福祉」を権利として位置づけられなかった。

これを解決しようとしたのが、社会連帯論で採用されたリスクによる自己責任原則の転換である。労働者の生活全般に関わる援助ニーズをリスクに置き換えて、社会保険を整備した。そしてリスクが発生すれば、自己責任を問わずに権利として社会保険から給付がなされるようになった。しかしリスクへの転換は自己責任原則を完全に否定したわけではない。保険給付金が支給された後、そのお金で生活を維持する責任はあくまで市民に残されたのである。よってそうした自己責任で対処できない者が、「社会的弱者」として位置づけられ、一般市民とは異なるルールが適用されたのである。

この問題に対して「新しい社会福祉」は、生活の自己責任原則そのものが、家父長制的資本制によって支えられた健常成人男性しか適用できない原則であることを明らかにした。「第二の近代」となり「個人化」が進展する現代社会において保障されなければならない自由は、生活の自己責任ではなく、すべての構成員が「現れとしての公」になりうる市民社会に参加できる自由なのである。「福祉」は、それらへの参加を支援するが故に正当化されるのである。

次に、主体性を持つ個への介入と「福祉」の関係についてであるが、この問題は「福祉」のパターナリズム、つまり本人の主体性を無視して、他者が本人の代わりに判断して介入することの正当性に関わる問題である。パターナリズムの問題は、「新しい慈善」や「社会福祉」が常に内包していた問題であり、援助を受ける当事者からもっとも反発された点であった。一つの解決策は、社会後見から後見を「個人化」し、パーソナライゼーションによって「社会福祉」を解体し、すべてのサービスを、権利を基盤とした一般社会サービス化することであった。しかし「社会的弱者」を排除してきた社会構造をそのままにして、単に権利を保障するだけでは、正義に適う関係を実現することはできない。そこで「新しい社会福祉」においては、基本的ケーパビリティの保障を目的とすることで、「現れとしての公」における主体としての自由を侵害せずに、正義に適う関係を形成するための条件を整えたのである。

しかし個人の尊厳としての人権が侵害された場合は、主体としての自由との両立が困難になる。そもそも個人の尊厳としての人権が侵害された場合は、その侵害は単なる個人への権利侵害に留まらず、自由が禁じられているミニマム領域に対する違反であり、社会正義に反している以上、侵害された主体の判断の如何に問わず人権が擁護されなければならない。これは弱者へのパターナリズムの問題ではなく、むしろ普遍的に主体としての自由が認められていない領域への侵害ととらえるべきであろう。

「福祉」が作り出す公的領域における関係問題

「福祉」が作り出す公的領域における関係問題とは、公的領域において「関係のない他者」同士を結びつける要因に関する問いである。公的領域を設定し、そこへの参加を支援しても、そこに参加することに魅力を感じなければ、新しい秩序は崩壊してしまうのである。

まず社会連帯論がどのような関係を構築したか確認してみよう。社会連帯論は、もともとあった自生的秩序である自然連帯を、社会的債務を相互化することによって正義に適う社会連帯に変え、それを遡及的な準契約として認めることを求めている。さらに社会保険を導入することでリスクの相互化も図っている。このことは主に国家が担った「共約可能な公」において、理性的な契約にもとづく関係を築いているが、その理性的な判断の基礎には、社会的債務やリスクなど量で表すことができるものにもとづく功利的な判断がある。特にリスクは、個人では対処できない問題であり、リスクを相互化する社会保険は、すべての男性労働者にとって大きな魅力であり、新たな社会的紐帯を作り出した。

では社会連帯論は、市民社会においてはどのような関係をもたらしたのだろうか。それは「共約可能な公」において男性労働者としての地位の安定化を図ることができ、「親密圏としての私」において近代的家父長制による安定した家族を得ることができた結果、市民社会においても職場や労働組合など、労働者としての身分にもとづく安定した関係を形成することができた。つまり社会連帯論においては、「共約可能な公」における功利的な判断が関係形成の要因であり、市民社会における関係は、労働者という身分に帰属することにより派生的に生じた関係なのである。

その一方で、労働者としての身分を得られない「社会的弱者」は、私的な家族に閉じ込められ、市民社会への参加が困難な状況にあった。

しかし「個人化」が進展した「第二の近代」においては、家族や職場の安定性が喪失し、労働者としての身分が不安定化する。その結果、リスクの相互化の前提であったリスクの平等性が崩れ、ハイリスク群の排除が行われ、社会保険は社会連帯の有効な手段ではなくなる。その結果、社会連帯論における関係形成の大きな誘因が不安定化することになった。

では「第二の近代」においては、どのような関係を形成すればよいのだろうか。「新しい社会福祉」が提起したのは、「共約可能な公」を国家だけが担うものとせず一部を市民社会に拡大し、基本的ケーパビリティの平等を実現し、個人の尊厳として人権を擁護することで、すべての構成員が「現れとしての公」としての市民社会に参加できる条件を保障することであった。この「新しい社会福祉」における関係形成の要因は、「個人化」が進展し、異質な「関係のない他者」を意図的に排除することでしか集合的アイデンティティを得られない社会において、まさに人々が集合的アイデンティティではなく、唯一無二の存在として「現れとしての公」において生のリアリティ（社会的アイデンティティ）を感じたいという実存的欲求があることにほかならない。功利的な判断ではなく、唯一無二の存在として自己の存在を確認したいという欲求がある故に、私たちは「関係のない他者」を必要としているのである。実存的欲求というと、キリスト教が提起した愛による関係も実存的欲求に応えるものであった。しかしキリスト教の場合は、神を媒介とした「関係のない他者」との関係であったが、

「新しい社会福祉」の場合は、市民の討議によって変更可能な「共約可能な公」を媒介とした「関係のない他者」との関係なのである。

ただし「現れとしての公」における実存的欲求を満たすことは容易ではない。もし「新しい社会福祉」がその実存的欲求に応えられなければ新しい秩序は維持できない。近年の傾向を見れば、排外主義やカルト集団など、同一性を基盤とした集合的アイデンティティで実存的欲求を満たそうとするベクトルの方が強まっているともいえる。しかしこうした同一性を基盤とした関係で社会が覆いつくされ、「現れとしての公」がなくなれば、社会そのものが単一の主観でしかとらえられなくなりリアリティを失うのである。私たちの社会のリアリティは、まさに同一性に回収されない複数性を持つ「関係のない他者」の視点が交錯することによって浮かび上がるのだ。社会そのものがリアリティを失わないためにも、社会が画一的な同調化のベクトルではなく、複数性を評価するベクトルを強めるための社会運動が欠かせないのである。

「福祉」のこれまでの歴史を見れば、「秩序維持型福祉」のように既存の秩序を肯定し、体制に奉仕する役割を担ってきたこともあった。現代社会においても、市民を低コストで管理するための道具として「秩序維持型福祉」が活用される可能性も十分にある。しかしこれまで検討してきたように、「秩序維持型福祉」はすべての人が主権者である民主主義国家では理論的には正当化できない。平等こそが理論的正当性の源泉なのであり、めざす方向性は「新しい社会福祉」を基盤とする「秩序再構築型福祉」なのである。

「福祉」は理論だけで進むものではないし、実践や運動がなければ進展しないが、理論のない「福祉」は場当たり的なものになってしまう。柴田は「福祉」を「半面において社会の現状と妥協し、他面においてそれを改革せんとする両頭の蛇である」（柴田 一九五五、八頁）と表現したが、改革せんとする頭が向かう方向性は、理論により示す必要があるのである。本書が、その進むべき方向性を検討する理論研究の活性化に役立つことを願うものである。

あとがき

本書の「はじめに」は、これまで社会福祉学の本を読んだことがない人にも読んでもらいたいとの思いで書いたので、社会福祉学の先行研究との関係については触れなかった。そこで、この「あとがき」では、そうした先行研究との関係や、筆者がなぜこのテーマにこだわってきたのかについて述べたい。

本書のテーマである「福祉」の正当化問題という問いは、社会福祉学にとって、かつては馴染みのテーマであった。社会福祉学会は一九五四年に創設されたが、設立当初から論争となったのは、「社会福祉」の本質をどのようにとらえるかであった。本質論争と呼ばれた論争は、学としての確立を図るためには避けられないプロセスとも言えるが、それ以上に社会福祉従事者にとってリアリティのある問いであった。というのも、戦後の思想や学問に大きな影響を与えたマルクス主義は、「社会福祉」が資本主義の構造的矛盾である貧困問題を緩和させる資本主義の温存策であると批判したからである。資本主義はいずれ社会主義に移行せざるを得ないと分析した当時のマルクス主義は、正統的社会科学観としての支配的地位を有していた。そのため、論争があったとしても、どちらがより正しいマルクス主義解釈であるかが問題となった。したがって、マルクス主義からの「社会福祉」への批判は、社会福祉従事者としてみれば、自らの職務の正当性を揺るがすものだったのである。

こうした批判に対して、マルクス主義を単純に否定することもできなかった。というのも資本主義を擁護する自由主義者は、貧困の原因を自己責任ととらえ、「社会福祉」の拡充に対して批判的であった。自由主義者に対抗するためには、貧困を資本主義の構造的な問題（社会問題）ととらえるマルクス主義の分析が必要だったのである。

よってマルクス主義的社会観を基盤としながらも、「社会福祉」が社会にとって意義があることを明らかにすること――「福祉」の正当化問題が、社会福祉学の原論研究の喫緊の課題だったのである。

しかし一九八〇年代になると「福祉」の正当化問題のリアリティが低下することになる。それは「社会福祉」の主要な課題が貧困問題から高齢者介護などのケアの問題にシフトしたことによる。少子高齢化にともなうケアの問題は、資本主義の進展がもたらした問題ではあるが、本書でも述べたように、近代的な家父長制の限界にもとづく問題である。問題と資本主義との関係が弱くなれば、マルクス主義者や自由主義者に対して、正当性を主張する必要性も低下する。またケアに関する問題は、特定の人にのみ関わる問題ではなく、ライフサイクル上のすべての人に関わる問題であり、正当化の必要性が貧困問題より低いという点もある。また次第にマルクス主義が生産関係だけで社会をとらえることの限界も指摘されるようになり、その影響力も低下していった。これらの結果、「福祉」の正当化問題というテーマは次第に論じられなくなっていった(岩崎 二〇一七)。

筆者が、「福祉」の正当化問題を自らの研究テーマとしたのは、こうした社会福祉学の文脈とは関係がない、個人的な経験にもとづいている。大学卒業後、島根県隠岐島の知的障害者施設で一年間ボランティアをしたことをきっかけに障害者福祉に興味を持った。ボランティア終了後、東京で精神障害者を対象とする無認可共同作業所の職員になった。一九八五年当時、精神障害者の制度上の位置づけは、病者として医療の対象であり、障害者として「社会福祉」の対象ではなかった。前年に報道された宇都宮病院事件(入院患者に対するリンチ殺人事件)によって、精神障害者の長期間にわたる社会的入院や、入院中の人権侵害がようやく大きな社会問題として認識されつつあったが、退院後の地域生活支援をする社会資源はほとんどなかった。そうした中、支援者や当事者家族によって設立された無認可の共同作業所が、数少ない地域生活を支援する社会資源だったのである。

この精神障害者の共同作業所は、「福祉」の正当化問題が依然としてリアリティを有していた空間であった。当時の無認可共同作業所は、自治体からの補助金や支援者からの寄付金で運営されており、その不安定かつ脆弱な基盤を改善すべく、毎年国会に国庫補助事業化を求める請願運動を行っていた。しかし当時は、精神障害は病気であり病院で治るまで治療すべきという主張や、精神障害者への偏見から地域での「社会福祉」施設に対する建設反対運動もあり、精神障害者への「社会福祉」施策の拡充をという主張は、その正当性が常に問われていたのである。

また精神障害を持つ当事者にとってみても、共同作業所への通所が主体的な選択でない場合も多かった。本当は家に居たいのだが、世間体や家族からの強い勧めがあり仕方なく通っている人や、共同作業所に通うことが精神病院の退院の条件（当時は九割以上が強制入院で患者の希望だけで退院はできなかった）とされたため通う人もいた。

共同作業所がどういう役割を果たせば、社会からも利用者からも必要とされ、その存在を正当化できるのかが、筆者にとってリアリティのある問いだったのである。そして次第にその問いはふくらみ、「社会福祉」そのものの正当性を考え直す問いになっていった。

この「福祉」の正当化問題に正面から向き合おうと思ったのは、九年勤めた共同作業所の職員を辞め、東京都立大学大学院博士課程に進学してからである。このテーマで最初に書いた論文は「社会福祉における社会と個人の価値対立——岡村理論と三浦理論の批判的検討」（岩崎 一九九六）であった。この論文では、これまで社会福祉学ではあまり検討されてこなかった個人の主体性への介入における正当化という問いの重要性を指摘した。そして、次に書いたのが「なぜ『自立』社会は援助を必要とするのか——援助機能の正当性」（岩崎 二〇〇二）であり、近代市民社会における自由原理と「福祉」

の関係を検討し、正当化に関わる問題点を指摘したが、新しい展望については十分に検討できなかった。本書は、このテーマを直接扱うものとしては三作目にあたり、「福祉」の正当化問題に関する筆者なりの解と展望を示すものである。

本書の特徴は、主に次の三点である。

第一に、「福祉」を、人類史において「関係のない他者」を援助する社会的仕組みと位置づけて、その正当化の論理を検討した点にある。

一般的に「社会福祉」を論じる場合、近代市民社会成立以降の問題として取り扱われることが多い。しかし本書では、人間にとって「関係にもとづく援助」が持つ意味から説き起こし、社会がなぜ「関係のない他者」を援助する仕組み（「福祉」）を作ってきたのかを俯瞰してみた。そのため現代の「社会福祉」も「福祉」の一形態として取り扱った。その結果、「福祉」の中に「秩序維持型」と「秩序再構築型」の二つの系譜を見出すことができた。またそれぞれの「福祉」を正当化する論理や、秩序を維持あるいは再構築するうえでの役割も明らかにした。もとより秩序は「福祉」だけで維持あるいは再構築できるわけではないが、「関係のない他者」が社会の中で増加してくると「福祉」抜きに「秩序問題」は語れないのである。なお、本書で中世封建社会にほとんど言及していないのは、この時代は封建的な後見関係で社会秩序が維持されており、「関係のない他者」による「秩序問題」が体制的な課題とならなかったからである（現実には中世封建社会においても自然災害や戦争によって「関係のない他者」は発生したが、社会の仕組みに関わる問題とはならなかった）。

第二に、近代市民社会を検討するうえで、主にフランスの議論を取り上げ「社会連帯論」に着目した点にある。

一般的に「社会福祉」の歴史については、イギリスと日本の歴史を取り上げることが多い。筆者が著した「社会福祉」の教科書（稲沢・岩崎 二〇〇八）においてもそうである。それは「社会福祉」の制度化に大きな影響を与える産業化と市民社会化がもっとも早くから進展した国がイギリスであり、イギリスの「社会福祉」の歴史との対比で日本を理解することが有効な手段だからである。しかし、本書ではイギリスではなくフランスの議論を取り上げた。それは本書が制度史を扱うのではなく、理論的展開に着目したからである。イギリスでも、「福祉」の位置づけに関しては、アダム・スミスやベンサムなどの自由主義者から、ウェッブ夫妻などの社会民主主義者まで、さまざまな議論があった。しかしフランスでは、大革命によって、国王や貴族そして教会を一挙に排除した結果、一から共和制の秩序が議論されたため、争点が明確であった。「福祉」がどういう秩序をつくるのかが、まさにリアリティのある課題であったのだ。そして社会連帯論というユニークなアイデアにたどり着いたのである。レオン・ブルジョワの「社会連帯論」については、日本でも戦前に翻訳され、その理論も紹介されたが、ブルジョワが否定した国家有機体説を補強するものとして換骨奪胎されてしまった（石

田 一九八九、二六八–七四頁)。しかし、ブルジョワの「社会連帯論」が前提とする社会観(すべての構成員が連帯しており、その連帯のあり方を正義に適うものに変えることができる)は、自己責任論を喧伝する新自由主義が強い現代だからこそ再評価すべきものである。

第三に、近代的家父長制による家族と「社会福祉」の関係を検討した点にある。前著(岩崎 二〇〇二)では、「福祉」を、労働力の交換によるものと家族の私的扶養によるものに並ぶ、第三の財の分配システムと位置づけて分析した。しかしそのために家族制度の存在を自明視したことを、上野千鶴子に批判された(上野 二〇一一、一〇〇頁)。本書で述べたように、「社会福祉」が成立した背景には、近代的家父長制との密接な関係があり、その点を分析できなかったことが前著の課題であった。本書の第三章第三節は、上野千鶴子を始めとするフェミニズム研究の知見に多くを負っている。また公共や親密圏について、鋭い考察をしている齋藤純一ら政治学の知見にも多くを負っている。これまでの社会福祉学では、あまり踏まえられてこなかったこれらフェミニズムや政治学の知見をもとに「新しい社会福祉」のあり方を検討したのが本書の第三の特徴である。日本の現状では、ケアの社会化すら進まず、家族の「個人化」など「第二の近代」のリアリティは低いかもしれない。しかし「第二次人口転換」は着実に訪れており、家族の「個人化」はいずれ避けて通れない。「第二の近代」が日本社会で一層のリアリティを持つ時、「新しい社会福祉」で示した論理が説得力を増すのではないだろうか。

最後に、本書の執筆にあたってお世話になった人への感謝を述べたい。

小林良二先生（東京都立大学名誉教授）と岩田正美先生（日本女子大学名誉教授）からは東京都立大学大学院の院生時代から長年にわたりご指導いただきました。本書についても草稿段階から有益なコメントをたくさんいただきました。また、古くからの友人である稲沢公一氏（東洋大学教授）と池本美和子氏（元佛教大学教授）からも草稿に対して率直なコメントをいただきました。いずれのご指摘ももっともと思うことばかりで、もし本書が少しでも読みやすくなっているとすれば、ご指摘をいただいた皆さまのおかげです。心より感謝申し上げます。ただし読みにくい部分や修正できていない点も多々残っています。ご指摘を十分に受け止めきれなかった筆者の力不足とご理解ください。また、本書も有斐閣の松井智恵子さんにお世話になりました。本書は、第二章までをほぼ書き上げた段階で出版をお願いしましたが、脱稿するまでさらに二年がかかりました。第三章のロジックを、組み上げては組み直すことの繰り返しで、松井さんの折々の励ましと催促がなければ、まだ出口の見えないトンネルを彷徨っていたことと思います。また丁寧な校正もしていただきました。ありがとうございます。

大学院の院生時代から「福祉」の原理を理解したいと思っていた。何度もその原理が「スッキリ」見えたと錯覚した瞬間があったが、その後、矛盾や説明できない事象にぶつかり理解の浅さを思い知った。本書はそうした軌跡のうえで、現在立っている頂きから見えている景色を書いたものである。読者にもこの景色を楽しんでもらえたとすれば望外の喜びである。

二〇一八年一二月

岩崎　晋也

文献

青木秀夫（一九五〇）「第五回国際社会事業会議より帰りて」『社会事業』三三（一〇）、二五－三〇頁。

青柳幸一（一九八七）「『個人の尊重』と『人間の尊厳』――同義性と異質性」『横浜経営研究』四（四）、七－二七頁。

荒井章三（二〇一三）『ユダヤ教の誕生――「一神教」成立の謎』講談社学術文庫。

Arendt, Hannah (1958) *The Human Condition*, University of Chicago Press.（志水速雄訳［一九九四］『人間の条件』ちくま学芸文庫）

アーレント、ハンナ（一九七四）『全体主義の起源3――全体主義』（大久保和郎・大島かおり訳）みすず書房。

アーレント、ハンナ（一九九五）『革命について』（志水速雄訳）ちくま学芸文庫。

バンク＝ミケルセン／ニルス・エリク（一九七八）「ノーマリゼーション（normalization）の原理」（中園康夫訳）『四国学院大学論集』四二、一四三－一六〇頁。

バーンス、コリン／ジェフ・マーサー／トム・シェイクスピア（二〇〇四）『ディスアビリティ・スタディーズ――イギリス障害学概論』（杉野昭博・松波めぐみ・山下幸子訳）明石書店。

ベック、ウルリヒ（一九九八）『危険社会――新しい近代への道』（東廉・伊藤美登里訳）法政大学出版局。

ベンハビブ、セイラ（二〇〇六）『他者の権利――外国人・居留民・市民』（向山恭一訳）法政大学出版局。

Beveridge, William (1942) *Social Insurance and Allied Services*, His Majesty's Stationery Office.（山田雄三監訳［一九六九］『ベヴァリジ報告――社会保険および関連サービス』至誠堂）

ブルジョワ、レオン（一九二六）『レオン・ブルジョワ氏論文集――ソリダリテその他』（桃井京次訳）国際連盟協会。

ブラウン、ピーター（二〇〇六）『古代末期の世界――ローマ帝国はなぜキリスト教化したか？（改訂新版）』（宮島直機訳）刀水書房。

ブラウン、ピーター（二〇一二）『貧者を愛する者――古代末期におけるキリスト教的慈善の誕生』（戸田聡訳）慶應義塾大学出版会。

ブルジェール、ファビエンヌ（二〇一六）『ケアの社会――個人を支える政治』（原山哲・山下えり子・阿部又一郎訳）風間書房。

ブトゥリム、ゾフィア（一九八六）『ソーシャルワークとは何か――その本質と機能』（川田誉音訳）川島書店。

カステル、ロベール（二〇一二）『社会問題の変容――賃金労働の年代記』（前川真行訳）ナカニシヤ出版。

カステル、ロベール（二〇一五）『社会喪失の時代――プレカリテの社会学』（北垣徹訳）明石書店。

ダイアモンド、ジャレド（二〇〇〇a）『銃・病原菌・鉄――一万三〇〇〇年にわたる人類史の謎 上巻』（倉骨彰訳）草思社。

ダイアモンド、ジャレド（二〇〇〇b）『銃・病原菌・鉄――一万三〇〇〇年にわたる人類史の謎 下巻』（倉骨彰訳）草思社。

エスピン＝アンデルセン、イエスタ（二〇〇〇）『ポスト工業社会の社会的基礎――市場・福祉国家・家族の政治経済学』（渡辺雅男・渡辺景子訳）桜井書店。

フレイザー、ナンシー（二〇一三）『正義の秤――グローバル化する世界で政治空間を再想像すること』（向山恭一訳）法政大学出版局。

古川孝順（一九九四）『社会福祉学序説』有斐閣。

古川孝順（二〇〇二）『社会福祉学』誠信書房。

古屋龍太（二〇一五）『精神科病院脱施設化論――長期在院患者の歴史と現況、地域移行支援の理念と課題』批評社。

ギャラファー、ヒュー・グレゴリー（一九九六）『ナチスドイツと障害者「安楽死」計画』（長瀬修訳）現代書館。

ガーンジィ、ピーター（一九九八）『古代ギリシア・ローマの飢饉と食料供給』（松本宣郎・阪本浩訳）白水社。

ゲレメク、ブロニスワフ（一九九三）『憐れみと縛り首——ヨーロッパ史のなかの貧民』（早坂真理訳）平凡社。

ゴフマン、アーヴィング（一九八四）『アサイラム——施設被収容者の日常生活』（石黒毅訳）誠信書房。

後藤玲子（二〇一七）『潜在能力アプローチ——倫理と経済』岩波書店。

ハンセン病問題に関する検証会議（二〇〇五）『ハンセン病問題に関する検証会議 最終報告書』財団法人日弁連法務研究財団。

橋場弦（一九九二）「アテネ民主政の展開とパトロネジ」長谷川博隆編『古典古代とパトロネジ』名古屋大学出版会。

橋爪大三郎（二〇〇六）『世界がわかる宗教社会学入門』ちくま文庫。

波多野敏（二〇〇四）「一七八九年人権宣言と扶助の権利（一）」『島大法学』四八（三）、四九-八六頁。

波多野敏（二〇〇五）「一七八九年人権宣言と扶助の権利（二・完）」『島大法学』四八（四）、一五七-九二頁。

波多野敏（二〇〇七a）「フランス革命における公的扶助理論の形成——立憲議会から立法議会へ（一）」『岡山大学法学会雑誌』五六（三・四）、一四七-八五頁。

波多野敏（二〇〇七b）「フランス革命における公的扶助理論の形成——立憲議会から立法議会へ（二・完）」『岡山大学法学会雑誌』五七（一）、四一-九四頁。

波多野敏（二〇一〇）「所有・労働・扶助——フランス革命期における生存の手段」『岡山大学法学会雑誌』五九（三・四）、五二一-七〇頁。

波多野敏（二〇一一）「フランス革命期の公的扶助制度の形成——国民公会期を中心に（一）」『岡山大学法学会雑誌』六〇（三）、四三三-七五頁。

林信明（一九九九）『フランス社会事業史研究——慈善から博愛へ、友愛から社会連帯へ』ミネルヴァ書房。

樋口陽一（一九九六）『一語の辞典 人権』三省堂。

平岡公一（二〇一二）「イギリス社会福祉における国と地方の関係――ニューレイバー政権期における諸改革と政策展開を中心に」『海外社会保障研究』一八〇、四－一七頁。

平岡公一・杉野昭博・所道彦・鎮目真人（二〇一一）『社会福祉学』有斐閣。

廣澤孝之（二〇〇五）『フランス「福祉国家」体制の形成』法律文化社。

廣田明（二〇〇九）「社会的連帯と自由――フランスにおける福祉国家原理の成立」小野塚知二編『自由と公共性――介入的自由主義とその思想的起点』日本経済評論社。

イグナティエフ、マイケル（二〇〇六）『人権の政治学』（添谷育志・金田耕一訳）風行社。

稲沢公一・岩崎晋也（二〇〇八）『社会福祉をつかむ』有斐閣。

石田雄（一九八九）『日本の政治と言葉 上「自由」と「福祉」』東京大学出版会。

一番ヶ瀬康子・高島進・高田真治・京極高宣編（一九九九）『講座戦後社会福祉の総括と二一世紀への展望一――総括と展望』ドメス出版。

伊藤美登里（二〇一七）『ウルリッヒ・ベックの社会理論――リスク社会を生きるということ』勁草書房。

伊藤貞夫（一九九二）「ポリス社会とパトロネジ」長谷川博隆編『古典古代とパトロネジ』名古屋大学出版会。

伊藤貞夫（二〇〇四）『古代ギリシアの歴史――ポリスの興隆と衰退』講談社学術文庫。

伊藤淑子（一九九六）『社会福祉職発達史研究――米英日三カ国比較による検討』ドメス出版。

岩崎晋也（一九九六）「社会福祉における社会と個人の価値対立の問題について――岡村理論と三浦理論の批判的検討」『人文学報』（東京都立大学）二七二、五七－七四頁。

岩崎晋也（一九九七）「社会福祉と自由原理の関係性について――J・S・ミル・L・T・ホブハウス・A・センの比較検討」『社会福祉学』三八（一）、四五－六四頁。

岩崎晋也（一九九八）「社会福祉の人間観と潜在能力アプローチ」『人文学報』（東京都立大学）二九一、四九－六八頁。

岩崎晋也（二〇〇二）「なぜ『自立』社会は援助を必要とするのか――援助機能の正当性」古川孝順・岩崎晋也・稲沢公

一・児島亜紀子『援助するということ――社会福祉実践を支える価値規範を問う』有斐閣。

岩崎晋也（二〇〇六）「『障害者』の『自立』を支援することの意義は何か――社会福祉の存在意義を問う」『現代福祉研究』六、五七‐七九頁。

岩崎晋也（二〇一七）「学問としての社会福祉の展開と課題」『社会福祉研究』一三〇、二九‐三五頁。

岩田正美（二〇一六）『社会福祉のトポス――社会福祉の新たな解釈を求めて』有斐閣。

ジョンソン、ノーマン（二〇〇二）『グローバリゼーションと福祉国家の変容――国際比較の視点』（青木郁夫・山本隆監訳）法律文化社。

ジョーダン、ビル（一九九二）『英国の福祉――ソーシャルワークにおけるジレンマの克服と展望』（山本隆監訳）啓文社。

柄谷行人（二〇一〇）『世界史の構造』岩波書店。

柄谷行人（二〇一二）『哲学の起源』岩波書店。

河東田博（二〇〇九）『ノーマライゼーション原理とは何か――人権と共生の原理の探求』現代書館。

河東田博編（二〇〇七）『福祉先進国における脱施設化と地域生活支援』現代書館。

河原温（二〇〇一）『中世フランドルの都市と社会――慈善の社会史』中央大学出版会。

河野健二編（一九八九）『資料フランス革命』岩波書店。

川島聡・飯野由里子・西倉実季・星加良司（二〇一六）『合理的配慮――対話を開く、対話が拓く』有斐閣。

風間計博（二〇〇三）『窮乏の民族誌――中部太平洋・キリバス南部環礁の社会生活』大学教育出版。

菊谷和宏（二〇一一）『「社会」の誕生――トクヴィル、デュルケーム、ベルクソンの社会思想史』講談社選書メチエ。

北垣徹（一九九五）「新たな社会契約――フランス第三共和政期における福祉国家の哲学的基礎」『ソシオロジ』四〇（一）、六九‐八七頁。

北原糸子（一九九五）『都市と貧困の社会史――江戸から東京へ』吉川弘文館。

小林登志子（二〇〇五）『シュメル――人類最古の文明』中公新書。

小泉龍人（二〇〇一）『都市誕生の考古学』同成社。

黒田末寿（一九九九）『人類進化再考——社会生成の考古学』以文社。

キムリッカ、ウィル（二〇〇二）『現代政治理論』（岡崎晴輝・木村光太郎・坂本洋一・施光恒・関口雄一・田中拓道・千葉眞訳）日本経済評論社。

ロック、ジョン（二〇一〇）『完訳 統治二論』（加藤節訳）岩波文庫。

前沢伸行（一九九八）『ポリス社会に生きる』山川出版社。

マンセル、ジム／ケント・エリクソン編（二〇〇〇）『脱施設化と地域生活——英国・北欧・米国における比較研究』（中園康夫・末光茂訳）相川書房。

マーゴリン、レスリー（二〇〇三）『ソーシャルワークの社会的構築——優しさの名のもとに』（中河伸俊・上野加代子・足立佳美訳）明石書店。

Marshall, Thomas H. (1963) *Sociology at the Crossroad and Other Essays*, Heinemann.（岡田藤太郎・森定玲子訳［一九九八］『社会学・社会福祉学論集——「市民資格と社会的階級」他』相川書房）

マルクス、カール（二〇〇五）『マルクス・コレクションⅣ 資本論 第一巻（上）』（今村仁司・三島憲一・鈴木直訳）筑摩書房。

松本宣郎（二〇〇六）『キリスト教徒が生きたローマ帝国』日本キリスト教団出版局。

松沢哲郎（二〇一一）『想像するちから——チンパンジーが教えてくれた人間の心』岩波書店。

松下圭一（二〇一四）『ロック『市民政府論』を読む』岩波現代文庫。

モース、マルセル（二〇〇九）『贈与論』（吉田禎吾・江川純一訳）ちくま学芸文庫。

三島亜紀子（二〇〇七）『社会福祉学の〈科学〉性——ソーシャルワーカーは専門職か？』勁草書房。

森川美絵（二〇〇一）「介護における『現金支払い』をめぐる『消費者主導』とジェンダー——アメリカの事例から」『社会福祉学』四二（一）、一一四–一二四頁。

森川美絵（二〇〇八）「ケアする権利／ケアしない権利」上野千鶴子・大熊由紀子・大沢真理・神野直彦・副田義也編『家族のケア　家族へのケア――ケア　その思想と実践4』岩波書店。

森建資（一九八八）『雇用関係の生成――イギリス労働政策史序説』木鐸社。

麦倉泰子（二〇一五）「パーソナライゼーション論争――ネオリベラリズム批判と障害者運動の相克」『社会学年誌』五六、四七-五九頁。

麦倉泰子（二〇一七）「パーソナライゼーションはケアを取り巻く関係をどう変化させたか」岡部耕典編『パーソナルアシスタンス――障害者権利条約時代の新・支援システムへ』生活書院。

向山宏（一九八八）「アテナイにおける国葬制度の成立について」『広島大学文学部紀要』四七、九七-一一四頁。

無らい県運動研究会編（二〇一四）『ハンセン病絶対隔離政策と日本社会――無らい県運動の研究』六花出版。

永田祐（二〇一四a）「イングランドにおけるパーソナリゼーションの進展とソーシャルワーク――『選択とコントロール』の拡大とソーシャルワークの役割」『評論・社会科学』一〇九、一一三-一三四頁。

永田祐（二〇一四b）「高齢者ケアにおける選択の拡大とその課題――イングランドにおけるダイレクトペイメントと個別予算を事例として」『評論・社会科学』一一一、一二五-一三九頁。

仲村優一（一九八四）『社会福祉概論』誠信書房。

NHKスペシャル取材班（二〇一二）『ヒューマン――なぜヒトは人間になれたのか』角川書店。

西研（一九九五）『ヘーゲル・大人のなりかた』NHKブックス。

西田正規（二〇〇七）『人類史のなかの定住革命』講談社学術文庫。

西原道雄（一九五八a）「扶養の史的諸形態とその背景」中川善之助ら編『扶養　家族問題と家族法V』酒井書店。

西原道雄（一九五八b）「扶養と社会統制」中川善之助ら編『扶養　家族問題と家族法V』酒井書店。

野崎綾子（二〇〇三）『正義・家族・法の構造転換――リベラル・フェミニズムの再定位』勁草書房。

ヌスバウム、マーサ（二〇〇五）『女性と人間開発――潜在能力アプローチ』（池本幸生・田口さつき・坪井ひろみ訳）岩波書店。

ヌスバウム、マーサ（二〇一二）『正義のフロンティア――障碍者・外国人・動物という境界を越えて』（神島裕子訳）法政大学出版局。

小川喜道（二〇〇五）『障害者の自立支援とパーソナル・アシスタンス、ダイレクト・ペイメント――英国障害者福祉の変革』明石書店。

岡部耕典（二〇一五）「障害の当事者性をめぐる支援の現在――『自立』と自律のポリティクス」『社会学年報』五六、三―一七頁。

岡村東洋光（一九九八）『ジョン・ロックの政治社会論』ナカニシヤ出版。

岡野八代（二〇一二）『フェミニズムの政治学――ケアの倫理をグローバル社会へ』みすず書房。

奥貴雄（一九八五）『生存権の法理と保障Ⅰ――生存権の法理』新有堂。

オリバー、マイケル（二〇〇六）『障害の政治――イギリス障害学の原点』（三島亜紀子・山岸倫子・山森亮・横須賀俊司訳）明石書店。

大河内一男（一九三八）「我国に於ける社会事業の現在及び将来――社会事業と社会政策の関係を中心として」『社会事業』二二（五）、二―二二頁。

大沢真理（一九八六）『イギリス社会政策史』東京大学出版会。

落合恵美子編（二〇一三）『親密圏と公共圏の再編成――アジア近代からの問い』京都大学学術出版会。

ポーガム、セルジュ（二〇一六）『貧困の基本形態――社会的紐帯の社会学』（川野英二・中條健志訳）新泉社。

ポラニー、カール（一九七五）『大転換――市場社会の形成と崩壊』（吉沢英成・野口建彦・長尾史郎・杉村芳美訳）東洋経済新報社。

ポランニー、カール（一九八〇）『人間の経済Ⅱ――交易・貨幣および市場の出現』（玉野井芳郎・中野忠訳）岩波現代選書。

ポランニー、カール（二〇〇三）『経済の文明史』（玉野井芳郎・平野健一郎編訳）ちくま学芸文庫。

ロザンヴァロン、ピエール（二〇〇六）『連帯の新たなる哲学――福祉国家再考』（北垣徹訳）勁草書房。

ルソー、ジャン＝ジャック（一九五四）『社会契約論』（桑原武夫・前川貞次郎訳）岩波文庫。

齋藤純一（二〇〇〇）『公共性』岩波書店。

齋藤純一（二〇〇八）『政治と複数性――民主的な公共性にむけて』岩波書店。

齋藤純一（二〇一七）『不平等を考える――政治理論入門』ちくま新書。

齊藤佳史（二〇〇九）「フランスにおける工業労働と労働者の身体（一八二〇－一九一四）」『大原社会問題研究所雑誌』六〇九、三－一七頁。

阪上孝（一九九九）『近代的統治の誕生――人口・世論・家族』岩波書店。

佐藤昇（二〇〇八）『民主政アテナイの賄賂言説』山川出版社。

Sen, Amartya (1985) "Well-Being, Agency and Freedom: The Dewey Lectures 1984," *Journal of Philosophy* 82 (4), 169-221.

Sen, Amartya (1992) *Inequality Reexamined*, Clarendon Press.（池本幸生・野上裕生・佐藤仁訳［一九九九］『不平等の再検討――潜在能力と自由』岩波書店）

Sen, Amartya (1993) "Capability and Well-Being," Nussbaum, M. C. & Sen, A. (eds.) *The Quality of Life*, Clarendon Press.（竹友安彦監修・水谷めぐみ訳［二〇〇六］『クオリティ・オブ・ライフ――豊かさの本質とは』里文出版）

柴田善守（一九五五）「社会事業と倫理」『社会福祉論集』（大阪市立大学）三、一－一二頁。

柴田善守（一九七九）「社会福祉の哲学的基礎づけに関する覚書」『社会福祉論集』（大阪市立大学）一七・一八、一七八－一八七頁。

重田園江（二〇一〇）『連帯の哲学Ⅰ――フランス社会連帯主義』勁草書房。

重田園江（二〇一三）『社会契約論――ホッブズ、ヒューム、ルソー、ロールズ』ちくま新書。

島田誠（一九九三）「ローマ都市におけるパトロネジとエウエルジェティズム」『東洋大学紀要教養課程編』三二、一一一五頁。

ジンメル、ゲオルグ（一九七九）『社会学の根本問題――個人と社会』（清水幾太郎訳）岩波文庫。

白瀬由美香（二〇一二）「イギリスのパーソナライゼーション施策――選択を重視したケア推進の意義と課題」『障害学研究』八、八六―一〇六頁。

菅富美枝（二〇一二）「イギリスの成年後見制度にみる福祉社会の構想――判断能力の不十分な成年者をとりまく家族、社会、国家」原伸子・大原社会問題研究所編『福祉国家と家族』法政大学出版局。

杉野昭博（一九九四）「社会福祉と社会統制――アメリカ州立精神病院の『脱施設化』をめぐって」『社会学評論』四五（一）、一六―三〇頁。

杉野昭博（二〇〇七）『障害学――理論形成と射程』東京大学出版会。

高村学人（二〇〇七）『アソシアシオンへの自由――〈共和国〉の論理』勁草書房。

田村哲樹（二〇〇九）『政治理論とフェミニズムの間――国家・社会・家族』昭和堂。

田中耕一郎（二〇〇五）『障害者運動と価値形成――日英の比較から』現代書館。

田中拓道（二〇〇四）「フランス福祉国家論の思想的考察――『連帯』のアクチュアリティ」『社会思想史研究』二八、五三―六八頁。

田中拓道（二〇〇六）『貧困と共和国――社会連帯の誕生』人文書院。

田中利光（二〇〇九）「古代ユダヤ社会における病者と障害者――宗教規程とそれに基づく処遇の分析」『社会事業史研究』三六、一一三―四〇頁。

谷川貞夫（一九五〇）「日本社会事業及社会事業家の定義とその範囲」『社会事業』三三（一〇）、三一―三九頁。

寺嶋秀明（二〇一一）『平等論――霊長類と人における社会と平等性の進化』ナカニシヤ出版。

タイセン、ゲルト（二〇一〇）『イエス運動――ある価値革命の社会史』（廣石望訳）新教出版社。

トゥキュディデス（二〇〇〇）『歴史Ⅰ』（藤縄謙三訳）京都大学学術出版会。

留岡幸助（一九九五）『戦前期社会事業基本文献集16――慈善問題』日本図書センター。

東京大学社会科学研究所編（一九八五）『福祉国家2――福祉国家の展開（1）』東京大学出版会。

トレント、ジェームス（一九九七a）『「精神薄弱」の誕生と変貌――アメリカにおける精神遅滞の歴史（上）』（清水貞夫・茂木俊彦・中村満紀男監訳）学苑社。

トレント・ジェームス（一九九七b）『「精神薄弱」の誕生と変貌――アメリカにおける精神遅滞の歴史（下）』（清水貞夫・茂木俊彦・中村満紀男監訳）学苑社。

右田紀久惠・高澤武司・古川孝順編（二〇〇一）『社会福祉の歴史――政策と運動の展開（新版）』有斐閣。

上野千鶴子（一九九〇）『家父長制と資本制――マルクス主義フェミニズムの地平』岩波書店。

上野千鶴子（二〇〇六）「ジェンダー概念の意義と効果」『学術の動向』一一（一一）、二八-三四頁。

上野千鶴子（二〇〇八）「家族の臨界――ケアの分配構成をめぐって」『家族社会学研究』二〇（一）、二八-三七頁。

上野千鶴子（二〇一一）『ケアの社会学――当事者主権の福祉社会へ』太田出版。

内野正幸（一九九二）『社会権の歴史的展開――労働権を中心にして』信山社出版。

United Nations（1950）*Training for Social Work : An International Survey*, United Nations.（岡村重夫訳［一九七〇］『世界の社会福祉教育』岩崎学術出版社）

ヴェーヌ、ポール（一九九八）『パンと競技場――ギリシア・ローマ時代の政治と都市の社会学的歴史』（鎌田博夫訳）法政大学出版局。

山田昌弘（二〇〇四）「家族の個人化」『社会学評論』五四（四）、三四一-五四頁。

山田昌弘（二〇〇五）「家族神話は必要か？――第二の近代の中の家族」『家族社会学研究』一六（二）、一三-二二頁。

山極寿一（一九九四）『家族の起源――父性の登場』東京大学出版会。

山本真也（二〇一一a）「チンパンジーとヒトの共通点・相違点――社会的知性を中心に」『人文学報』（京都大学人文学

部研究科）一〇〇、一四五－六〇頁。

山本真也（二〇一一b）「利他・協力のメカニズムと社会の進化」『霊長類研究』二七、九五－一〇九頁。

索　引

事項索引

あ　行

か　行

さ　行

た　行

◎な　行

◎は　行

◎ま　行

や　行

ら　行

わ　行

人名索引

♣著者紹介

岩崎 晋也（いわさき　しんや）

1961年生まれ。東京都立大学大学院社会科学研究科社会福祉学専攻博士課程中退。東京都立大学人文学部助手を経て，1998年より法政大学。現在，法政大学現代福祉学部教授。日本学術会議会員（第23・24期）。

主な著作

『社会福祉研究のフロンティア』（共編，有斐閣，2014年）
『リーディングス 日本の社会福祉1 社会福祉とはなにか――理論と展開』（編著，日本図書センター，2011年）
『社会福祉をつかむ』（共著，有斐閣，2008年〔改訂版2014年〕）
『資料で読み解く社会福祉』（共著，有斐閣，2005年）
『援助するということ――社会福祉実践を支える価値規範を問う』（共著，有斐閣，2002年）

福祉原理
社会はなぜ他者を援助する仕組みを作ってきたのか

The Principles of Welfare: Why Has Society Been Creating a System of Helping Strangers?

2018年12月15日　初版第1刷発行

著　者　岩　崎　晋　也
発行者　江　草　貞　治
発行所　株式会社　有　斐　閣
郵便番号 101-0051
東京都千代田区神田神保町2-17
電話 (03) 3264-1315〔編集〕
(03) 3265-6811〔営業〕
http://www.yuhikaku.co.jp/

組版　田中あゆみ
印刷　株式会社理想社／製本　牧製本印刷株式会社

★定価はカバーに表示してあります。
ISBN 978-4-641-17442-9